汽车配件软件综合使用教程

主　编　郑轶鹏

副主编　刘　张　刘羽佳　白玉培

参　编　李　晓　李晓可　林　梅

　　　　张夏爽　袁　颖　彭晓波

机械工业出版社

本书共 3 章，分别阐述汽车 EPC 的概念与作用、汽车 EPC 软件即汽车配件软件的使用（以丰田、大众及宝马的汽车配件软件为样本）以及具有汽车 EPC 功能的汽车业务软件及使用。全书合理地融合了汽车配件维修、汽车保险理赔与定损两个领域交叉应用的内容，充分体现了实践性和专业性，借以提高读者对汽车 EPC 的深入理解，进而提高其能动性。

本书可作为本科车辆工程专业及高职院校汽车专业相关课程的教材，也可作为汽车营销、汽车保险、汽车配件管理等相关行业的基础培训教材和指导书。

图书在版编目（CIP）数据

汽车配件软件综合使用教程／郑轶鹏主编. —北京：机械工业出版社，2018. 2（2025. 2 重印）
ISBN 978 - 7 - 111 - 58981 - 5

I. ①汽… II. ①郑… III. ①汽车-配件-高等学校-教材 IV. ①U463

中国版本图书馆 CIP 数据核字（2018）第 009834 号

机械工业出版社（北京市百万庄大街 22 号　邮政编码 100037）
策划编辑：刘子峰　　　　　责任编辑：王玉鑫　李　然　马碧娟
责任校对：蔺庆翠　　　　　封面设计：马精明
责任印制：邸　敏
中煤（北京）印务有限公司印刷
2025 年 2 月第 1 版·第 4 次印刷
184mm×260mm·8. 75 印张·172 千字
标准书号：ISBN 978 - 7 - 111 - 58981 - 5
定价：32. 00 元

电话服务　　　　　　　　　网络服务
客服电话：010 - 88361066　　机　工　官　网：www. cmpbook. com
　　　　　010 - 88379833　　机　工　官　博：weibo. com／cmp1952
　　　　　010 - 68326294　　金　书　网：www. golden-book. com
封底无防伪标均为盗版　　机工教育服务网：www. cmpedu. com

前 言
Preface

　　随着我国经济的持续发展，我国的汽车市场也在不断扩大，目前我国已经成为世界最大的汽车消费市场。我国现在具有较为成熟的汽车市场，而汽车市场 50%～60% 的利润是在其服务领域中产生的，其中汽车配件服务市场是非常重要的一个部分。汽车配件服务市场主要分为两部分：一部分是普通维修配件的维修销售服务，另一部分是汽车用品的维修销售服务。

　　本书主要立足于汽车配件以及与之紧密相关的两个领域——汽车配件与维修、汽车保险理赔与定损来进行编写。在编写过程中，编者通过与多个汽车公司以及保险公司进行探讨和研究，了解了汽车配件体系，尤其是汽车配件应用软件（汽车 EPC 软件）在汽车公司日常工作中的重要性，因此本书围绕作为当下 4S 店连接汽车配件维修、汽车保险和定损几个环节的最重要的工具之一的汽车 EPC 软件展开，同时加入增强汽车专业学生工作能力的相应业务案例，这样更符合社会人才培养的需要。但由于目前我国不同品牌的汽车公司具有独立的配件系统，且大多通过内部培训资料对员工进行培训，因而没有相关学校和机构针对高等教育需求出版过关于汽车配件应用软件的相关教材，且编者所能获取的汽车公司的培训资料有限，因此本书主要阐述汽车 EPC 的概念与作用、汽车 EPC 软件的使用（以丰田、大众及宝马的汽车配件软件为样本）以及具有汽车 EPC 功能的汽车业务软件及使用。

　　本书在编写过程中非常注意合理地融合汽车配件与维修、汽车保险理赔与定损两个领域交叉应用的方面，充分体现了强大的实践性和专业性，借以提高读者对汽车 EPC 的深入理解，进而提高其能动性。本书涉及部分汽车企业的内部资料和汽车软件，因版权原因，原版的内部资料和汽车软件请读者自行联系相关企业付费获取或从网上购买，本书不提供相关资料，请各位读者谅解。

　　本书由成都师范学院的郑轶鹏任主编，刘张、刘羽佳、白玉培任副主编，参加编写的还有李晓、李晓可、林梅、张夏爽、袁颖、彭晓波。

　　由于编者水平有限，书中难免有疏漏之处，恳请广大读者批评指正。

编　者

目　录
Contents

第 1 章

汽车 EPC 的概念与作用

学 习 要 求

1) 熟悉汽车 EPC 的概念和作用。

2) 熟悉 VIN 码的结构和作用, 掌握 VIN 码的使用规则。

3) 熟悉汽车配件码的结构和作用。

本章将介绍 EPC 的发展历史和相关概念, 详细陈述汽车 EPC 的应用领域, 并提供使用 EPC 软件的基础知识, 如汽车 VIN 码和汽车配件码的相关知识。

1.1 EPC 的产生与发展

1. EPC 的产生

EPC (Electronic Product Code, 电子产品代码) 这一概念最初由美国麻省理工学院 (MIT) 的 Auto-ID 中心于 1999 年提出, 随后引起了全球的广泛关注, 并在 83 个跨国公司的支持下, 开始了这个发展计划。此后, 英国剑桥大学、澳大利亚阿德莱德大学、日本庆应义塾大学、中国复旦大学四个世界著名研究性大学相继加入 EPC 的研发, 到 2003 年 5 月, EPC 终于走出实验室, 开始进入初步的实际应用阶段。

在 EPC 未出现之前, 人们在零售业中想要识别商品采用的是条码技术, 但是, 条码仍然存在许多无法克服的缺点。首先, 产品的唯一识别有时对于某些商品非常必要, 如有时客户想知道一盒牛奶有没有超过保质期。这时条码就无能为力了, 因为条码只能识别一类产品, 而无法识别单品。其次, 条码是可视传播技术, 即扫描仪必须"看见"条码才能读取它, 这表明人们通常必须将条码对准扫描仪才有效, 而且一次只能扫描一条条码, 一家超市的商品成千上万，要逐一对其进行扫描无疑是一个巨大的工作量。此外，如果印有条码的横条被撕裂、污损或脱落，就无法扫描这些商品。最后，条码提供的只是单向通信，系统通常只在批量基础上更新信息，因此条码很难提供即时信息或互联网数据传输能力。为了实时实现信息的交流和传递，就必须有一种技术满足对单个产品的标识和高效识别。正是在这样的背景下，人们开始设想为每一个商品都赋予一个唯一的编号，以识别和跟踪供应链上的每一个单品，使公司能够及时知道每个商品在供应链上任何时点的位置信息。随着因特网的飞速发展和射频技术趋于成熟，一种比条码更先进的产品标识和跟踪技术出现了，它就是 EPC。

EPC 的载体是 RFID 电子标签，并借助互联网来实现信息的传递。EPC 旨在为每一个单品建立全球的、开放的标识标准，实现全球范围内对单件产品的跟踪与追溯，从而有效提高供应链的管理水平、降低物流成本。EPC 是一个完整的、复杂的、综合的系统。

通过 EPC 技术，企业可以实现对所有单个实体对象（包括零售商品、物流单元、集装箱、货运包装等）的唯一、有效的标识，从而彻底变革商品零售结算、物流配送及产品跟踪管理的模式。同条码相比，EPC 技术具有应用更灵活、信息容量更大、抗环境污染和抗干扰等优点。这项被誉为具有革命性意义的现代物流信息管理技术将对现代物流和电子商务的发展带来深远的影响。

2. EPC 的编码结构和特性

EPC 使用额外的一组数字和序列号来识别单个贸易项目。EPC 所标识产品的信息保存在 EPCglobal 网络中，而 EPC 则是获取有关这些信息的一把钥匙。从现在到未来将会推广并普遍使用的 96 位 EPC 编码的结构由标头、厂商识别代码、对象分类代码、序列号四部分依次组成，如图 1-1 所示。

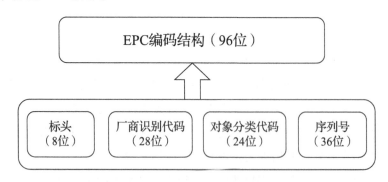

图 1-1　96 位 EPC 编码的结构

网络上的商品有一些商品代码，但是不容易看到。而很多实物背面也有条形码标签（或称为条码式电子产品代码，是电子产品代码的一种常见形式），条码式产品电子标签示例如图 1-2 所示。

图 1-2 条码式产品电子标签示例

EPC 在使用过程中具有科学性、合理性、国际性和无歧视性四大特性。EPC 的科学性是指它的结构明确，易于使用、维护，与目前广泛应用的 EAN·UCC 编码标准是兼容的，并可在生产、流通、存储、结算、跟踪、召回等供应链的各环节全面应用；EPC 的合理性是指 EPC 编码由 EPCglobal、各国 EPC 管理机构（中国的管理机构称为 EPCglobal China）、被标识物品的管理者分段管理、共同维护、统一应用，具有合理性；EPC 的国际性是指它不以具体国家、企业为核心，编码标准由全球协商一致，具有国际性；EPC 的无歧视性是指编码采用全数字形式，不受地方色彩、语言、经济水平、政治观点的限制，是无歧视性的编码。

3. EPC 的发展现状

EPC 发展到现在得到了众多国际大公司的支持，其研究成果已在一些公司如宝洁公司、特易购公司等中使用。从 2005 年 1 月开始，前 100 名供应商必须在托盘中使用 EPC 电子标签，2006 年必须在产品包装中使用 EPC 电子标签。目前，随着国际 EPC 技术的不断提高各大公司已经拥有了自己的 EPC 电子标签，并用于全球和国内物流供应链各个环节的产品（物品、贸易项目、资产、位置等）与服务等的信息处理和信息交换。由于我国起步较晚，加之各个行业之间的差别较大，整体发展相对滞后，很多行业都还没有统一标准的 EPC。

1.2 汽车 EPC 的概念和作用

1. 汽车 EPC 的概念

随着 EPC 在汽车行业的应用以及对汽车行业的发展和推进，对于零配件的交易和使用，逐渐形成了汽车 EPC 这一概念和电子产品，下面介绍什么是汽车 EPC。

在汽车行业中，EPC（Electronic Parts Catalog，电子配件目录）是指包含了各个整车厂的各款汽车零部件（如零配件的 OE 号，零件的基本信息、订购信息等）的目录。

汽车 EPC 的诞生主要是为了方便汽车供应商将自己生产的所有车型和汽车配件信息等

资料编成一个软件，通过软件可以方便地浏览整辆轿车所有零部件的装配图、分解图、零件图，并能查找零部件的相关信息。汽车 EPC 应用于各国各大、中、小型汽车修理厂（修理，采购）以及汽车配件商店（销售，采购）。通过使用汽车 EPC 软件可以了解每个车型汽车零部件的专业正规名称、形状、数量、安装位置、所属车型、配件零件号、与哪个配件相连以及配件价格等，再借由软件里各种配件组成的内部图片，可以更加清楚地了解各个部件的构造和组成。

图 1-3 所示为梅德赛斯-奔驰的 EPC 软件操作界面。

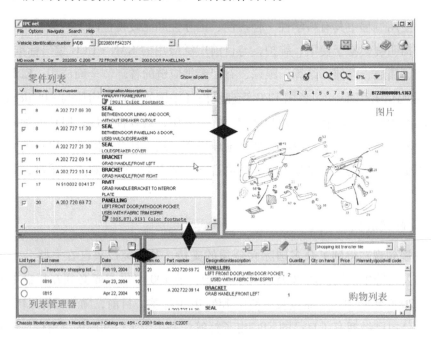

图 1-3　梅德赛斯-奔驰的 EPC 软件操作界面

2. 汽车 EPC 的作用

汽车 EPC 目前主要以软件的形式应用于汽车配件与维修和汽车保险理赔与定损中。

（1）汽车配件与维修　在 2005 年之前很多汽车公司、汽车 4S 店和汽车修理厂在汽车配件管理上耗费了大量的人力和财力，因为零部件的分类、编号、存放、转移等几乎所有操作都需要人工完成。2005 年以后，各大汽车品牌公司逐步建立了自己的汽车 EPC 编码体系，即将自己所做品牌的所有车型、汽车配件以及内部组成等信息资料编成一个软件，也就是今天汽车行业中的汽车 EPC 软件，它在全国各类型汽车修理厂及汽车 4S 店等发挥着非常重要的作用。EPC 软件非常方便，通过它可以直观地了解每个车型汽车零部件的专业且正规的名称、形状、数量、安装位置、所属车型、配件零件号、配件关联结构、全车线束及电器的分布、每个插头的连接以及配件价格等，因而通过计算机操作就能掌握汽车各个零部件的最详细的信息，对于汽车配件管理而言可省去诸多烦琐的工作，如零件具体信息的采集、零件的编号等，若参照各大汽车品牌公司自己的汽车 EPC 的编码规则进行分类管理，可促进对计算机和信息化技术的进一步需求，不但使零配件的入库、在库和出库管理更加智能化，而且能极大提高对出入库产品信息记录采集的准确性，建立灵活的可持续发展的体系，在任何时间及地点显示当前库存状态，具有独立的工作平台与高度的互动性，实时性信息收集和传输可提高工作效率，从而方便信息的准确交流，降低库存管理的难度。

2010 年以后，随着车联网的兴起以及网页形式的汽车软件的推广和发展，很多汽车公司在一定程度上对汽车 EPC 的编码和使用进行了改进。为了方便相应工作人员能同时对不同品牌和类型的汽车完成相应的综合业务，2016 年以后，融合了很多不同品牌和车型信息的具有汽车 EPC 功能的业务软件也被更多的汽车行业从业者认同和使用，汽车 EPC 软件的发展也进入了后信息时代。

（2）汽车保险理赔与定损　汽车保险理赔与定损是汽车行业非常重要的一个分支，也是非常有发展潜力的汽车领域。随着汽车行业的发展，当下汽车 EPC 软件在车险定损理赔中也发挥着核心的作用，下面以流程图的形式展示汽车 EPC 软件在整个车险定损理赔过程中的作用（图 1-4）。

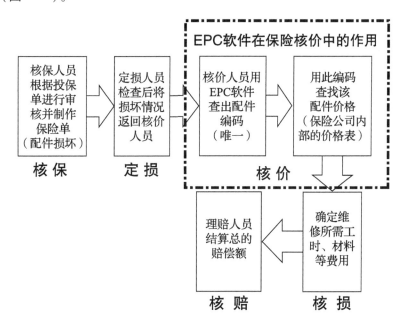

图 1-4　车险定损理赔主要流程与汽车 EPC 软件的关系

由图 1-4 不难看出：在核价人员收到定损人员的车辆鉴定明细表后，需要通过汽车 EPC 软件查出配件编码，并通过此编码查询配件当前的价格才能让核损人员进一步确定标的车辆报保险后维修所需的工时、材料等费用进而进行赔偿。

汽车 EPC 软件从出现到使用实际上已经渗入了汽车后市场的各个行业，虽然汽车 EPC 软件的操作简单快捷，容易上手，但它对汽车业务各个环节的顺利进行起着纽带性的关键作用，因而掌握汽车 EPC 软件的使用对于汽车行业的从业者来说是非常必要的。

【课堂思考】除了汽车配件管理和车险定损理赔，汽车 EPC 软件还可以应用于汽车其他的哪些领域？

1.3 汽车 EPC 软件使用的预备知识

1. VIN 码

（1）VIN 码的概念和作用　VIN（Vehicle Identification Number，车辆识别代号）码是由美国汽车工程师学会（SAE）所制定的汽车零部件标准化代码，它包含了车辆的生产厂家、年份、车型、车身形式及代码、发动机代码及组装地点等信息，由 17 位字符组成，因而也称为十七位码，刻印在车身和车架上的识别号以及驾驶证上标注的车架号指的都是 VIN 码。现在世界上每一辆车都只有唯一的一个只属于该车自身的 VIN 码。正确解读 VIN 码，对于正确识别车型，进而正确诊断、维修、定损等都是十分重要的。

（2）VIN 码的编码规则及各位码的意义　VIN 码由三部分组成，如图 1-5 所示。

世界制造厂识别代号+车辆说明部分+车辆指示部分
（WMI）　　　　（VDS）　　　　（VIS）
3位　　　　　　　6位　　　　　　8位

图 1-5　VIN 码的三大组成部分说明

SAE 标准规定：在 VIN 码中仅能采用阿拉伯数字 0～9 以及除了 I、O 及 Q 以外的大写罗马字母。下面将介绍 VIN 码中每一位字码的具体含义。

1）1～3 位：世界制造厂识别代码（WMI）。

第 1 位表示汽车的生产国家和地区，如非洲、亚洲、欧洲、大洋洲、北美和南美，或美国、中国、德国等国家（见表 1-1）；

表 1-1　汽车生产国家及地区代码

Value	Country	国家
1、4 和 5	United States	美国
2	Canada	加拿大
3	Mexico	墨西哥
6	Australia	澳大利亚
9	Brazil	巴西

（续）

Value	Country	国家
J	Japan	日本
K	Korea	韩国
L	China	中国
S	England	英国
T	Switzerland	瑞士
V	France	法国
W	Germany	德国
Y	Sweden/Finland	瑞典/芬兰
Z	ltalia	意大利

第 2 位表示汽车制造商代码（见表 1-2）；

表 1-2　常见汽车制造商代码

代码	制造商	代码	制造商	代码	制造商
1	Chevrolet	B	BMW	M	Hyundai
2	Pontiac	B	Dodge	M	Mitsubishi
3	Oldsmobile	C	Chrysler	M	Mercury
4	Buick	D	Mercedes	N	Infiniti
5	Pontiac	E	Eagle	N	Nissan
6	Cadillac	F	Ford	P	Plymouth
7	GM Canada	G	General	MS	Subaru
8	Saturn	G	Suzuki	T	Lexus
9	Isuzu	H	Acura	T	Toyota
A	Alfa Romeo	H	Honda	V	Volkswagen
A	Audi	J	Jeep	V	Volvo
A	Jaguar	L	Daewoo	Y	Mazda
L	Lincoln	Z	Ford	Z	Mazda

注：G = 所有属于通用汽车的品牌：别克 Buick，凯迪拉克 Cadillac，雪佛兰 Chevroler，奥兹莫比尔 Oldsmobile，庞蒂亚克 Pontiac，土星 Saturn。

第 3 位表示汽车类型与品牌，有些厂商可能使用前 3 位组合代码表示特定的品牌（见表 1-3）。

表1-3   常见汽车品牌 WMI 组合码

WMI	汽车品牌（英文）	汽车品牌（中文）
TRU/WAU	Audi	奥迪
1YV/JM1	Mazda	马自达
4US/WBA/WBS	BMW	宝马
WDB	Mercedes Benz	梅赛德斯-奔驰
2HM/KMH	Hyundai	现代
VF3	Peugeot	标志
SAJ	Jaguar	捷豹
WP0	Porsche	保时捷
SAL	Land Rover	路虎
YK1/YS3	Saab	萨博
YV1	Volvo	沃尔沃
LFV	Volkswagen	大众
LFP	FAW	一汽轿车

2）4~9位：车辆说明部分（VDS）。

第4~9位描述的是轿车、MPV、载货车和客车的相关具体特征，对于轿车表示的是种类、系列、车身类型、发动机类型及约束系统类型；对于 MPV 表示的是种类、系列、车身类型、发动机类型及车辆额定总重；对于载货车表示的是型号或种类、系列、底盘、驾驶室类型、发动机类型、制动系统及车辆额定总重；对于客车表示的是型号或种类、系列、车身类型、发动机类型及制动系统。下面是各位字码的具体含义：

第4位表示车辆种类，用数字代表不同类型的车辆，如1为普通乘用车，2为活顶乘用车，3为高级乘用车，4为小型乘用车，5为敞篷车，6为仓背乘用车，7为旅行车，8为多用途乘用车，9为短头乘用车等，其中1~6表示的是轿车。

第5位表示与生产厂家有关的车身车型系列的代码，一般与第4位数字共同组成车型代码。

第6位表示车身外形，一般用数字表示，如1为两厢五门车，2为旅行车，3为三厢四门车等，个别公司采用字母表示车辆外形。

第7位表示发动机的类型，用一位数字或字母表示，如 L 为 1.6L 发动机，2 为 2.0L 发动机。

第8位表示变速器的类型，一般用数字表示，如1为四档手动变速器，2为五档手动变速器，3为自动变速器等。

第9位是检验位，主要作用是核对车辆识别代号的准确性，一般用数字 0~9 或 X

表示。

3）10～17 位：车辆指示部分（VIS）。

第 10 位表示年份，用数字 1～9 和大写罗马字母（除 I、O 及 Q）表示（见表 1-4），30 年循环一次。

表 1-4　年份代码对照表

年份	代码	年份	代码	年份	代码	年份	代码	年份	代码
1971	1	1981	B	1991	M	2001	1	2011	B
1972	2	1982	C	1992	N	2002	2	2012	C
1973	3	1983	D	1993	P	2003	3	2013	D
1974	4	1984	E	1994	R	2004	4	2014	E
1975	5	1985	F	1995	S	2005	5	2015	F
1976	6	1986	G	1996	T	2006	6	2016	G
1977	7	1987	H	1997	V	2007	7	2017	H
1978	8	1988	J	1998	W	2008	8	2018	J
1979	9	1989	K	1999	X	2009	9		
1980	A	1990	L	2000	Y	2010	A		

第 11 位表示装配厂代码，由各地区相关厂商制定。

第 12～17 位表示生产顺序号，即为了验证产品的合法性而建立的一组代码，其作用是保障用户正常购车用车的正当权益，享受合法的服务，一辆汽车只对应一个生产顺序号。

【课堂思考】如果看到一辆汽车的 VIN 码是 LFPH5ABA2W8004321，能否快速地知道这是哪个汽车公司哪个品牌的汽车，生产于何年？

（3）VIN 码在汽车上常见的位置　不同品牌和款式的汽车其 VIN 码的位置不同，一般来说最常见的通用位置在仪表板左侧。VIN 码在汽车上常见的位置如图1-6所示。

2. 汽车配件码

（1）汽车配件码的定义和作用　在不同的汽车管理体系中，最初为了从几万或几十万的库存品种中快速找出所需的配件来完成相应的工作，世界各个汽车品牌公司通过运用阿拉伯数字和英语 26 个字母的组合，形成了一套简明、完整、精确、科学的配件查询存取系统（也称零部件或配件查询存取系统），每一个配件只对应一个号码，每组数字、每个字母都表示这个配件的某种性质，这样形成的代码称为汽车配件码或汽车备件码，也是汽车的 EPC 码。

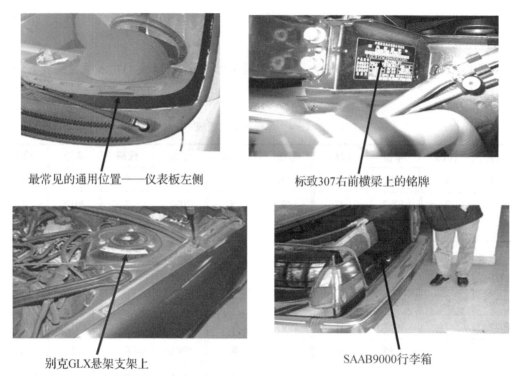

最常见的通用位置——仪表板左侧　　　　标致307右前横梁上的铭牌

别克GLX悬架支架上　　　　　　　SAAB9000行李箱

图1-6　常见的 VIN 码位置

有了汽车配件码，可以通过它的载体——汽车 EPC 软件或相应具备了汽车 EPC 功能的汽车业务软件快速地进行查询、订货、退货以及各类汽车配件信息的获取，对于整个汽车公司的管理体系来说很大程度上提高了各项业务运作的效率。

（2）汽车配件的类型　不同的汽车品牌公司在制定自己的汽车配件码时按照配件的类型进行分类，因而使用汽车 EPC 软件时了解汽车配件的类型是十分重要的。一般汽车配件可分为以下四类：

1）正厂件。又称原厂件，是正规整车生产厂生产的零部件，一般均是从汽车生产厂流通出来的，由厂家直接授权给各地经销商销售。正厂件的产品一般质量好、性能好，价格也相对较高。

2）装车件。一般指生产厂家生产该车辆时同批次生产的配件。例如某批次生产了2个方向机，其中一个装到了销售的车辆上，另一个就可以理解为装车件。装车件是和正厂件具有同等质量的配件。

3）副厂件。又称专业厂件，是非汽车生产厂家授权的厂家生产的配件，即没有得到厂家授权许可的企业所生产的配件，它是依据正厂件的配套样式使用自己的技术去开发和制造出来的配件。副厂件不仅在商标、标识、包装上有别于原厂件，在价格方面也有很大的优势，但质量和做工都比不上原厂件。

4）拆车件。即二手件，是异形车或年代较久远的车辆的配件，拆车件多是拆自于一些报废车辆和事故车辆。一般说来，从国内外的一些老龄报废车辆上拆下来的部分拆车件，大多可能严重老化，质量没有保证；另外还有一些不错的拆车件，就是从车龄或使用时间很短的国内事故车辆上拆下来的原车配件，这类配件物美价廉，比起那些副厂件来说就好得多。由于车辆的原厂配件厂家都控制在 4S 店，而且价格不便宜，装成一整部车的零件价钱加起来可以买好几辆车了。所有很多修理厂为了节省成本，又不失修车质量，都把目光锁定到拆车件上，近些年国内由于车市的膨胀，对配件的需求日益高涨，好的拆车件也供不应求了。

综上所述，汽车 VIN 码和汽车配件码主要都是以汽车 EPC 软件为载体在各项汽车业务中发挥其巨大的作用，因而在之后的章节将根据不同的汽车品牌来介绍它相应的汽车EPC 软件的使用。

实践任务 1：汽车 EPC 软件实际应用的实地考察

任务描述 ➣

通过课余时间，学生自行联系汽车 4S 店，或者是汽车修理厂和汽车保险公司进行实地考察，了解不同的汽车企业其主要岗位的工作，同时着重了解汽车 EPC 软件在企业中的实际作用。

任务要求 ➣

1. 围绕以下四个方面进行考察并形成实践报告：

1）该企业主要岗位的工作有哪些？

2）汽车 EPC 在整个企业中起到哪些作用？

3）哪些岗位需要经常用到汽车 EPC 软件？

4）该企业对于汽车 EPC 软件当下或未来会有哪些需求？

2. 通过实地考察熟悉或学会了哪些东西？哪些东西是自己觉得有用的，尤其是与汽车 EPC 相关操作有关的部分？学生做相关整理后操作部分需在实训室或机房进行相关演示。

任务内容 ➣

老师可根据自己学校汽车专业的情况按照任务要求设置具体的调查项目和实验报告形式。

任务提示 ➣

以汽车 4S 店实地考察为例，可从以下方向思考：汽车 4S 店的主要职能和运营模式是什么→汽车 4S 店会依据其职能和运营模式设置哪些岗位→这些岗位主要负责哪些工作→

汽车4S店的哪些职能结构与汽车EPC有关→汽车EPC可与哪些工作环节结合完成相应工作任务。

图1-7所示为汽车4S店的职能和结构示意图，可作为实地考察的参考。

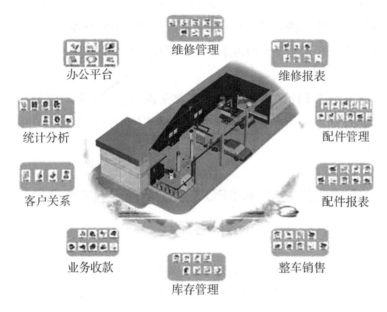

图1-7　汽车4S店的职能和结构示意图

第 2 章

汽车 EPC 软件的使用

学 习 要 求

1）重点了解丰田、大众和宝马汽车配件的基本知识。

2）熟悉丰田、大众和宝马汽车配件码的编码规则及具体意义。

3）掌握丰田汽车 EPC 软件、大众汽车 EPC 软件和宝马汽车 EPC 软件的基本使用方法并能完成相应工作。

本章介绍汽车配件的一些基础知识，并着重介绍丰田、大众和宝马汽车配件码的编码规则及使用方法，进而系统地介绍如何利用相关的配件知识正确操作上述三个品牌的汽车 EPC 软件来完成相应的基本工作。

2.1 丰田汽车 EPC 软件的使用

本节主要介绍丰田汽车 EPC 软件在工作过程中最主要的几个操作环节。

2.1.1 丰田汽车备件体系

每一辆丰田汽车都有一个对应本车辆的"身份证"，它的位置或在发动机舱盖下的侧面，或在发动机上部右角处，或在左前车门侧框上，现在的新款车也可以从风窗玻璃左下角的条码口处看到第 1 章介绍的本车的 17 位 VIN 码。如果要查询某辆车的某个零部件，首先就要知道此车的车辆信息，而相应最基本的信息可以通过 17 位 VIN 码获得，然后才能在汽车 EPC 软件里输入信息进行查询，但是在具体查询某辆车某个零部件的信息时必须用到汽车车型码和配件码，因此下面先介绍丰田汽车进行查询时必需的汽车车型码和配件码的结构及编码方式。

1. 丰田汽车车型码的编码规则

丰田汽车车型码由 12～13 位数字和字母共同组成,如图 2-1 所示。车型码的每一位代表该车车型有关的各项大类信息,下面分别对丰田汽车车型码的每一位做详细介绍。

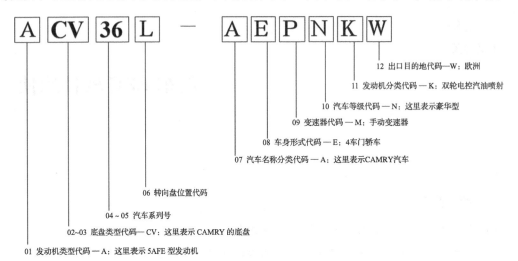

图 2-1 丰田汽车车型码示意图

1) 第 1 位:发动机类型代码。发动机类型代码表示该车安装的发动机所属的类型,用 1 位字母表示。部分发动机类型代码见表 2-1。

表 2-1 部分发动机类型代码

代　　码	发动机类型
A	1AZFE, 2AZFE, 5AFE, 8AFE
Z	1ZZFE, 1NZFXE
M	1MZFE
G	1GRFE, 2GRFE, 5GRFE
R	3RZFE
U	2UZFE
F	1FZFE, 5VZFE

2) 第 2～3 位:底盘类型代码。底盘类型代码表示该车的底盘是何种车的底盘,用 1～2 位字母表示。部分底盘类型代码见表 2-2。

表 2 - 2　部分底盘类型代码

代码	车型名称	代码	车型名称
CF	LS 雷克萨斯	B	COASTER 柯斯达
CV	ES300 雷克萨斯，CAMRY 凯美瑞	CR	PREVLA 普瑞维亚（大霸王）
CX	AVALON 亚洲龙	H	HIACE 海狮
E	COROLLA 花冠	J	LAND CRUSER 陆地巡洋舰 PRADO 普拉多（霸道）
S	CROWN 皇冠，GS300 雷克萨斯	HW	PRUIS 普锐斯
V	CAMRY 凯美瑞	X	REIZ 锐志
XV	CAMRY 凯美瑞	XP	VIOS 威驰

3）第 4～5 位：汽车系列号。汽车系列号表示该车改型（对于每一代车型）以及所装的发动机和轮距的差异，用 2 位或 3 位数字表示。

4）第 6 位：转向盘位置代码。转向盘位置代码表示该车的转向盘安装在左前座前还是右前座前，用 1 位字母表示，如果该位是 L 表示汽车是左侧驾驶；如果是 R 表示汽车是右侧驾驶。

5）第 7 位：汽车名称分类代码。汽车名称分类代码表示该车的车型及其属类，用 1 位字母表示。

6）第 8 位：车身形式代码。车身形式代码表示该车采用何种结构和类型的车身，用 1 位字母表示。部分车身形式代码见表 2 - 3。

表 2 - 3　部分车身形式代码

代码	车身类型	代码	车身类型
C	2 车门跑车	R	5 车门旅行车
D	2 车门轿车	S	2 车门，硬顶
E	4 车门轿车	T	4 车门，硬顶
F	高车顶，5 车门旅行车	U	4 车门箱式货车（2 座）
G	3 车门轿车	V	2 车门箱式货车（2/5 座）
H	5 车门轿车	W	4 车门旅行车
J	跑车车顶，T 型材车顶	X	4 车门箱式货车（2/5）
L	可开闭倾斜式后车顶	Z	2 车门旅行车

7）第 9 位：变速器代码。变速器代码表示该车的变速器类型，用 1 位字母表示。部分变速器代码见表 2 - 4。

表 2 - 4　部分变速器代码

代码	手动变速器类型	代码	自动变速器类型
Y	3 档柱式变速	C	2 档地板变速
U	3 档地板变速	R	2 档柱式变速
B	4 档柱式变速（超速驱车）	N	3 档或 4 档柱式变速
J	4 档柱式变速（直接驱动）	H	3 档或 4 档地板变速
K	4 档地板变速	S	4 档柱式变速
T	4 档地板变速（G 型）	P	4 档地板变速
Q	5 档柱式变速	A	5 档地板变速
L	5 档地板变速		
M	5 档地板变速（G 型）		
F	6 档柱式变速		

8）第 10 位：汽车等级代码。汽车等级代码表示该车所属的用户使用等级，用 1 位字母表示，如 R 表示标准型，N 表示豪华型，E 表示特级豪华型。

9）第 11 位：发动机分类代码。发动机分类代码表示该车的发动机类型，用 1 位字母表示。第 11 位最常见的是 K，表示双轮电控汽油喷射。

10）第 12 位：出口目的地代码。出口目的地代码表示该车对应于国内外市场具体的出口国家或地区，用 1 位字母或空格表示。部分出口目的地代码见表 2 - 5。

表 2 - 5　部分出口目的地代码

代码	出口目的地	代码	出口目的地
无	国内市场和一般出口	Q	澳大利亚
A	美国	B	土耳其
T	泰国	C	中国
G	德国	V	中东、海湾地区
W	欧洲	K	加拿大
X	原苏联	M	菲律宾
Y	不发达国家	N	南非

2. 丰田汽车配件码的编码规则

丰田汽车配件码由 10 ~ 12 位数字和字母共同组成。第 1 ~ 5 位是基本编号，表示具体的零件信息；第 6 ~ 10 位是设计编号，表示车型的相关信息；第 11 ~ 12 位是附属编号，表示零件的颜色以及类别。丰田汽车配件码示意图如图 2 - 2 所示。下面分别对丰田汽车配件码的每一位做详细介绍。

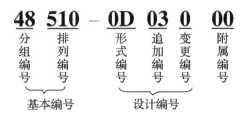

图 2-2　丰田汽车配件码示意图

1）第 1~2 位：分组编号。分组编号表示该零件所属的类型，用 2 位数字表示。

2）第 3~5 位：排列编号。排列编号表示该零件在汽车分组中的安装位置，主要是区分上、下、左、右，用 3 位数字表示。例如 48510 表示前右减振器总成，81150 表示左前照大灯总成。

3）第 6~7 位：形式编号。形式编号也称发动机类别编号，表示发动机的类别，用字母和数字的组合表示。

4）第 8~9 位：追加编号。追加编号也称顺序编号，表示零件的登记顺序，用 2 位数字表示。

5）第 10 位：变更编号。变更编号表示新旧零件的替代，用 1 位数字表示。

6）第 11~12 位：附属编号。附属编号表示该零件的颜色、尺寸规格等，由数字或字母组成，如 AO 为白色、BO 为银色、CO 为黑色等。

合理掌握丰田汽车车型码和配件码能更好地使用丰田汽车 EPC 软件，并通过相应的查询等基本工作合理完成各项工作任务。

2.1.2　丰田汽车 EPC 软件的基本操作和查询功能

为了跟随时代的发展，作为世界最大的汽车制造商之一的丰田汽车公司对于零部件的管理先后开发出书本零件目录、缩微胶片目录和电子目录三种记载形式，而作为电子目录工具的丰田汽车 EPC 软件及中国地区车型的零件信息自 2009 年 1 月起实现中文化，消除了我国的汽车工作人员对 EPC 的使用障碍，大大增强了 EPC 的易用性；同时丰田汽车 EPC 软件通过加入输入 VIN 码检索零件编号的功能，在很大程度上提高了检索精度、缩短了检索时间、提高了工作效率；而在 2013 年以后，丰田汽车 EPC 软件又融合了强大的网络查询和信息共享功能，使得异地工作的从业者能够快速获取实时业务信息进行作业。

下面介绍丰田汽车 EPC 软件的基本使用方法。

1. 丰田汽车 EPC 软件的基本操作

（1）丰田汽车 EPC 软件的主操作界面　成功安装丰田汽车 EPC 软件，在登录之后会默认进入主操作界面，如图 2-3 所示，使用时可通过单击左上方各个功能菜单来进行操作。下面分别介绍零件编号查询菜单、零件编号适用车型查询菜单、新零件列表菜单和零件编号列表菜单这 4 个最主要的菜单的基本操作。

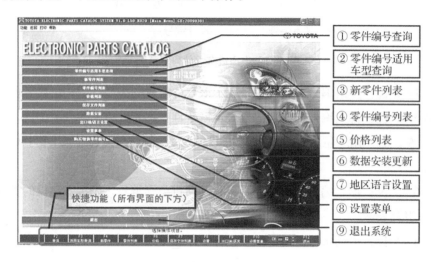

图 2-3　丰田 EPC 主操作界面

（2）零件编号查询菜单　在主操作界面单击"零件编号查询"后可进入零件编号查询菜单界面，如图 2-4 所示。该菜单的主要功能是根据丰田汽车的 VIN 码、车架号、车型名称和车型代码等信息查找到该款车的各项具体信息。

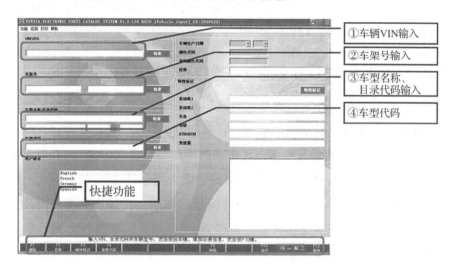

图 2-4　零件编号查询菜单界面（1）

当输入具体的 VIN 码、车架号、车型名称和车型代码四项信息并单击"检索"后，会在零件编号查询界面右侧显示该车的基本信息，如图 2-5 所示。

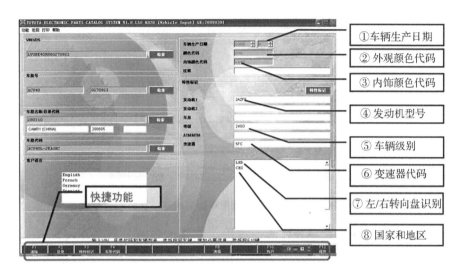

①车辆生产日期
②外观颜色代码
③内饰颜色代码
④发动机型号
⑤车辆级别
⑥变速器代码
⑦左/右转向盘识别
⑧国家和地区

图 2-5　零件编号查询菜单界面（1）（带查询结果）

如果需要进一步查询其他信息（如具体零件信息），可按下 F10，即可进入下一子查询界面，如图 2-6 所示。

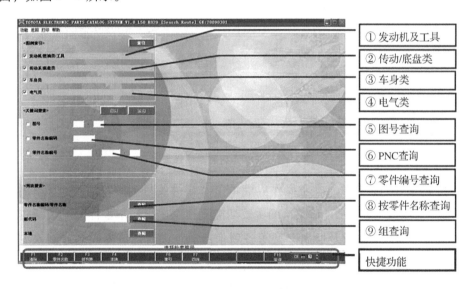

①发动机及工具
②传动/底盘类
③车身类
④电气类
⑤图号查询
⑥PNC 查询
⑦零件编号查询
⑧按零件名称查询
⑨组查询
快捷功能

图 2-6　零件编号查询菜单界面（2）

通过以上查询菜单可查询到某具体零件的图号、PNC（Parts Name Code，品名编码）及零件编号等相关信息。

（3）零件编号适用车型查询菜单　在主操作界面单击"零件编号适用车型查询"后可进入零件编号适用车型查询菜单界面，如图 2-7 所示。该菜单的主要功能是根据丰田汽车的零件编号查询该零件的名称、PNC、数量及所属车型等各项信息。查询时在该界面左上角输入零件编号即可进行查询。

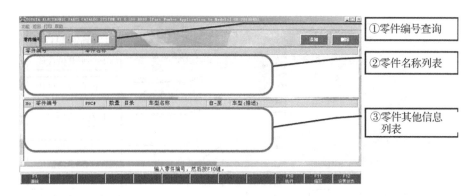

图 2-7　零件编号适用车型查询菜单界面

（4）新零件列表菜单　在主操作界面单击"新零件列表"后可进入新零件列表菜单界面，如图 2-8 所示。该菜单的主要功能是根据丰田汽车的车型目录查询该零件的名称、PNC、数量及所属车型等各项信息。查询时在该界面左上角通过单击"列表"并选定相应车型便可进行查询。

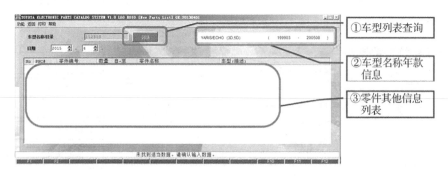

图 2-8　新零件列表菜单界面

（5）零件编号列表菜单　在主操作界面单击"零件编号列表"后可进入零件编号列表菜单界面，如图 2-9 所示。该菜单的主要功能是根据丰田汽车零件的 PNC 和名称来查询该零件的零件编号、数量及所属车型等各项信息。查询时在该界面上方输入 PNC 或零件名称再单击"检索"便可进行查询。

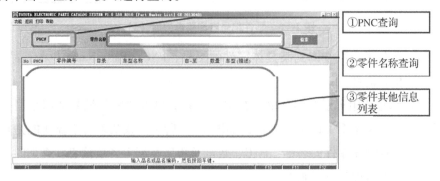

图 2-9　零件编号列表菜单界面

2. 利用丰田汽车 EPC 软件进行查询工作

丰田汽车 EPC 软件有两种查询功能：一种是已知零件编号查询适用车型及相关信息；另一种是根据零件特征查询零件编号。后者是零件管理人员主要使用的功能。图 2 - 10 所示为两种查询功能的关系。

图 2 - 10　丰田汽车 EPC 软件两种查询功能的关系

下面将对查询时如何对查询参数进行设置以及如何利用丰田汽车 EPC 软件的两种功能完成相应的查询操作进行详细介绍。

（1）查询参数设置　查询前的查询参数可参考图 2 - 11 和图 2 - 12 进行设置。

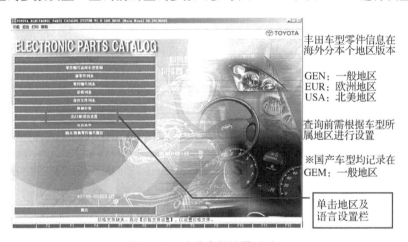

图 2 - 11　查询参数设置（1）

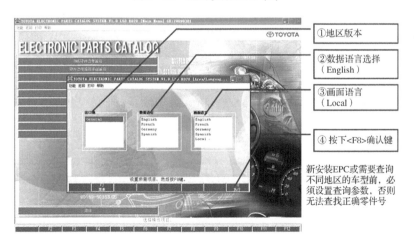

图 2 - 12　查询参数设置（2）

当正确设定了出口地、汽车数据语言和软件画面语言后即可开始正常使用丰田汽车EPC 软件进行工作。

（2）已知零件编号查询适用车型及相关信息　查询时首先在零件编号适用车型查询菜单中输入零件编号信息，然后从查询结果中筛选出所需的车型信息。例如若需查询零件号 90915 CA001 对应的车型及相关信息，具体过程如图 2 – 13 ~ 图2 – 15所示。

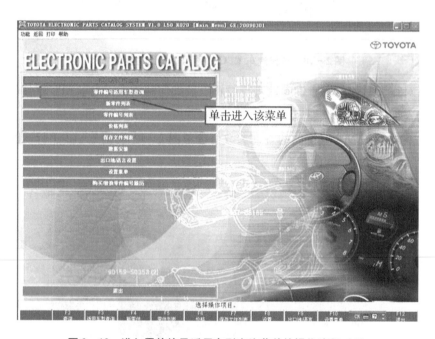

图 2 – 13　进入零件编号适用车型查询菜单的操作流程（1）

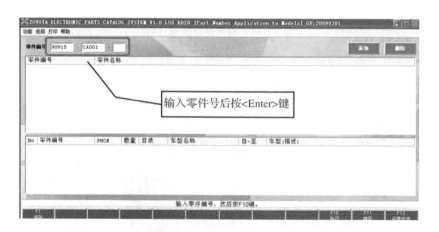

图 2 – 14　进入零件编号适用车型查询菜单的操作流程（2）

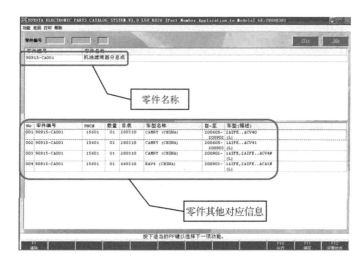

图 2 - 15　进入零件编号适用车型查询菜单的操作流程（3）

查询时要注意每次最多只能查询 10 个零件编号。

（3）已知零件特征查询零件编号　这种查询方式要求使用者具有较丰富的汽车构造知识和汽车工作经验，查询时有四种最基本的查询方法，即图例查询、PNC 查询、零件名称查询和"组"查询。下面将分别介绍这四种基本查询方法。

1）图例查询。图例查询对使用者汽车维修经验方面的要求较高。这里通过一查询示例进行说明：已知该车铭牌（图 2 - 16）上显示制造厂专用车型号为 ACV40L -

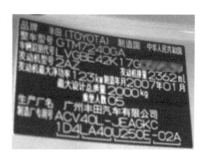

图 2 - 16　某丰田汽车铭牌

JEAGKC，其 VIN 码为 LVGBE42K17G××××××，可运用图例查询方式查询到右前减振器的零件号，具体流程如图 2 - 17 ~ 图2 - 24所示。

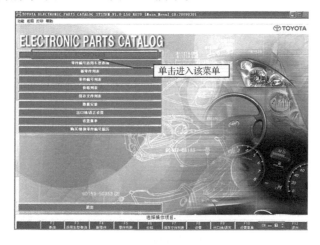

图 2 - 17　图例查询流程（1）

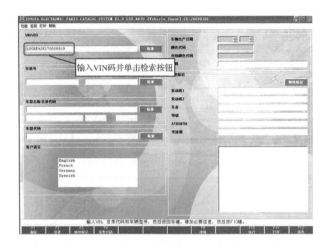

图 2-18 图例查询流程 (2)

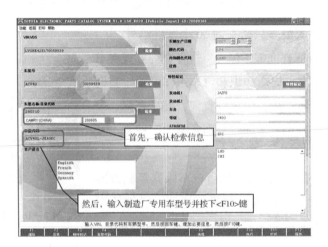

图 2-19 图例查询流程 (3)

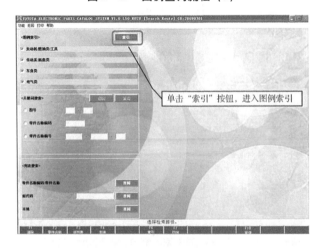

图 2-20 图例查询流程 (4)

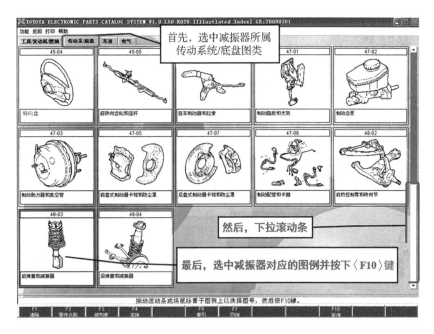

图 2 - 21　图例查询流程 (5)

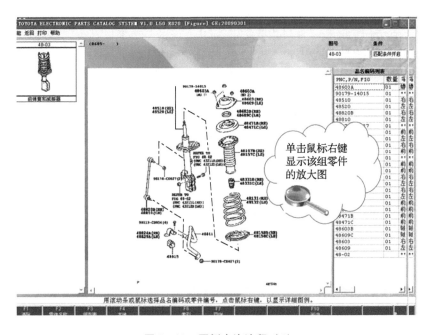

图 2 - 22　图例查询流程 (6)

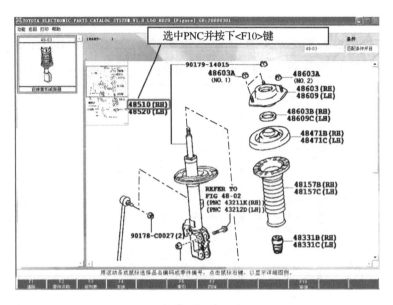

图2-23　图例查询流程（7）

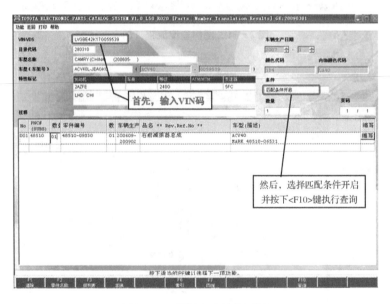

图2-24　图例查询流程（8）

　　注意：当输入 VIN 码开启匹配条件后查询的结构一般对应一个零件编号，这是非常精确的图例查询结果；若关闭匹配条件，不区分 VIN 码、车型级别，则显示该车型相同 PNC 的全部零件，一般会出现多个查询结果。

　　2）PNC 查询。假设已知零件的 VIN 码、车型号和 PNC 码，则可运用 PNC 查询方式查询该零件的零件编号和其他相关信息，具体流程如图 2-25～图2-27所示。

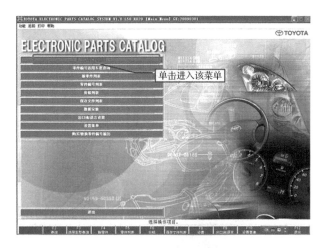

图 2 - 25　PNC 查询流程（1）

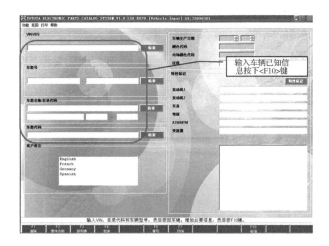

图 2 - 26　PNC 查询流程（2）

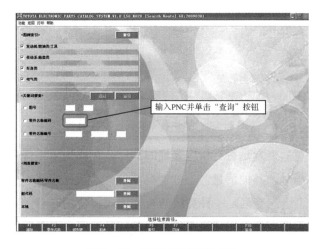

图 2 - 27　PNC 查询流程（3）

通过上述流程即可在已知该车零件基本信息（包括PNC）的情况下查询到该车零件的零件编号及其他相关信息。

3）零件名称查询。若已知该车的车型和零件名称，可运用零件名称查询方式查询该车的零件编号，具体流程如图2-28～图2-30所示。

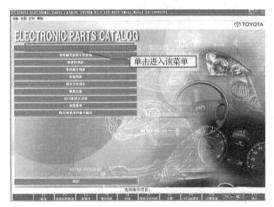

图2-28　零件名称查询流程（1）

图2-29　零件名称查询流程（2）

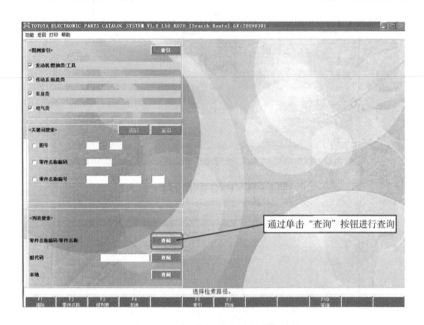

图2-30　零件名称查询流程（3）

进入零件列表菜单后查看是否有相应名称的零件，在找到该零件名称后可在该项处直接看到该零件的零件编号及其他信息。

4）"组"查询。"组"查询是一种高级的查询方式，使用时有一定难度。这里通过一个实例进行说明：若需要查找凯美瑞汽车的前保险杠示意图，则可运用"组"查询方式查询该车的零件编号和其他相关信息，具体流程如图2-31～图2-38所示。

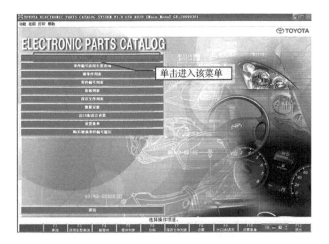

图 2-31　"组"查询流程（1）

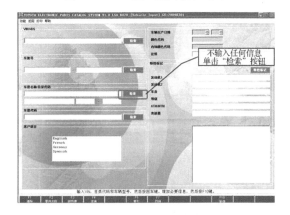

图 2-32　"组"查询流程（2）

目录	车型名称	车辆生产日期	车型代码	日期	Rec#
110310	YARIS (CHINA)	200805-	NCP90,ZSP91	200804	A1
113310	YARIS (ASIA)	200601-	NCP91	200903	A1
140310	VIOS (CHINA)	200802-	NCP92,ZSP92	200801	A1
149320	VIOS	200702-	NCP9#	200708	A1
151360	COROLLA SED/WG	200704-	CE140,NZE141,ZZE14#	200901	A1
156360	COROLLA (ASIA/INDIA)	200712-	CE140,NZE140,ZRE143,ZZE14#	200901	A1
157360	COROLLA (S.AMERICA)	200803-	ZZE14#	200903	A1
160310	COROLLA (CHINA)	200705-	ZRE15#	200801	A1
162310	COROLLA SED	200703-	ZRE152	200812	A1
164310	COROLLA (S.AFRICA)	200707-	ADE150,NDE150,NRE150,ZRE15#,ZZE150	200903	A1
165310	COROLLA HB	200703-	ZRE152	200812	A1
166310	AURIS	200706-	ADE150,NRE150,ZRE15#,ZZE150	200903	A1
242320	LEXUS IS300	200604-	GSE22	200808	A1
273360	AVENSIS	200811-	AZT270	200811	A1
280310	CAMRY (CHINA)	200605-	ACV4#	200902	A1
282380	LEXUS ES350	200605-	GSV40	200707	A1
283310	CAMRY (ASIA)	200605-	ACV4#,GSV40	200903	A1
285380	CAMRY/AURION (ARL)	200608-	ACV40	200708	A1
431240	LEXUS LS460/460L	200608-	USF4#	200809	A1
432210	LEXUS LS600H/600HL	200704-	UVF4#	200809	A1
521230	LEXUS RX350/450H	200812-	GGL15,GYL15	200903	A1
522320	HIGHLANDER	200705-	GSU4#	200705	A1
611260	INNOVA/KIJANG	200408-	KUN40,TGN4#	200811	A1
651370	NOAH	200808-	ZRR70	200808	A1
660310	RAV4 (CHINA)	200903-	ACA3#	200902	A1
661340	RUSH	200811-	J200E	200811	A1
663310	FJ CRUISER	200707-	GSJ15	200712	A1
671380	FORTUNER	200501-	GGN50,60,KUN5#,6#,LAN50,TGN51,61	200903	A1
672370	HILUX	200408-	GGN15,25,35,KUN1#,2#,3#,LAN15,25,35,TGN1#,26,36	200903	A1
713230	ALPHARD	200804-	GGH20	200901	A1

拖动滚动条并按回车键以选择目录代码。

图 2-33　"组"查询流程（3）

图 2-34 "组"查询流程（4）

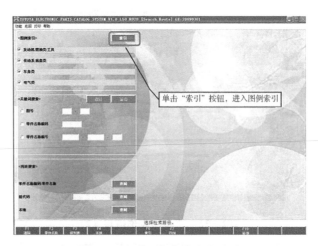

图 2-35 "组"查询流程（5）

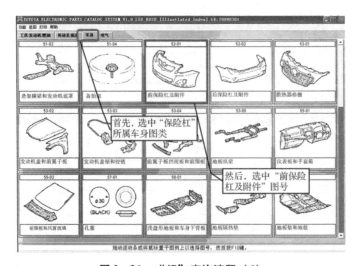

图 2-36 "组"查询流程（6）

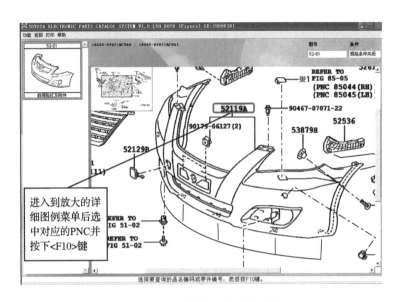

图 2-37　"组"查询流程（7）

图 2-38　"组"查询流程（8）

　　通过"组"查询方式，一般会查询到符合要求的一组不同车型规格的零件号以及它的其他信息，而在查询结果中经常会看到两个符号"#"和".."，其中"#"表示全系列产品，而".."表示"其中的"。例如，ACV40..240G 表示车型为 ACV40 系列中的 240G 款汽车。

　　综上所述，在使用丰田汽车 EPC 软件时主要是使用其零件信息查询功能进行工作，因而无论采用何种查询方式，整体的查询步骤一般是设置车辆查询参数→使用零件编号查询菜单进行查询→根据不用查询功能按要求输入车辆信息查询→精确或模糊查找到所需零件的相关信息。参考以上操作流程可以正常完成丰田汽车零件的绝大多数信息查询工作并正确安排其他相关工作。

2.2 大众汽车 EPC 软件的使用

本节将详细介绍大众汽车的备件（或称配件）体系，着重介绍备件码（或称配件码）的编码规则与使用，并详细说明大众汽车 EPC 软件的使用方法和功能。

2.2.1 大众汽车的备件体系及编码规则

作为世界知名的汽车公司之一，大众拥有众多的品牌，而每个品牌的每个车型须由上万个零件装配而成，因此必须有一个庞大的备件体系进行管理，下面将介绍大众汽车的备件体系。

1. 大众汽车备件码

在大众汽车的管理体系中，通过阿拉伯数字和英语 26 个字母的组合，形成一套简明、完整、精确、科学的备件码系统，每一个备件只对应一个号码，每组数字、每个字母都表示这个备件的某种性质，只要找出这个号码，就可以从几万或几十万个库存品种中找出所需的备件。一汽－大众作为一汽集团与德国大众的合资公司，在产品引进和生产过程中遵循德国大众集团的号码编写规则。单在售后服务过程中使用的备件码大体上遵循德国大众的备件码体系，但也有一些变化，下面将会详细介绍。需要说明的是，虽然零件号和备件码的编写规则在大多数情况下是一致的，但它们仍有一定的区别。例如门护板在生产过程中使用的零件号是"＊＊＊867105 ＊＊ ＊＊＊"，而其备件码却为"＊＊＊ 867103 ＊＊ ＊＊＊"。而且大众订货时，只接受备件码和数量，而备件码可在汽车 EPC 软件中查询。

大众备件码一般由 14 位（也可能是 15 位）构成，加上空格一共是 18 位，共分为五个部分（图 2 - 39），下面分别对这五个部分的编码规则和意义进行说明。

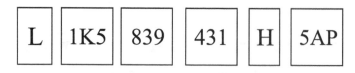

图 2 - 39　大众备件码示意图

第一部分：第 1～3 位，表示车型及机组号。大众备件码的前三位说明这些件最初是为哪种车型、发动机或变速器设计使用的。车型及机组号的前两位一般为车型代码的情况居多，如 1J 为宝来或高尔夫，1K 为速腾，2K 为开迪，3C 为迈腾，可以通过它们判断此件是应用于哪个车型上的。但这不是绝对的，由于平台战略的影响，有些以 1K 开头的零件也可能应用到 3C 车型上。例如 1K0 804 182 B 为前纵梁端板，既用于速腾也用于迈腾。

第二部分：第 4 ～ 6 位，表示大类及小类。根据零件在汽车结构中的差异及性能的不同，大众备件码系统将备件码分成十个大类（十个主组），每大类（主组）又分为若干小类（子组）；小类（子组）的数目和大小因所属大类部件的结构不同而不同，小类（子组）只有跟大类（主组）组合在一起才有意义。

例如备件码"3C5　839　431　H　5AP"中的第二部分"839"，其中"8"表示大类，电子目录中称为"主组"；"39"表示小类，电子目录中称为"子组"。

第三部分：第 7 ～ 9 位，表示备件编号。备件编号由三位数（001 ～ 999）组成，并按照其结构顺序排列。如果备件不分左右（既可在左边使用，也可在右边使用），最后一位数字为单数；如果备件分左右，一般单数为左边件，双数为右边件。例如：

L1GD　853　753/754　　　*左/右车门防护条*

L1GD　821　021　B/022　B　　*左/右翼子板*

第四部分：第 10 ～ 11 位，表示技术变更号。技术变更号由一个或两个字母组成，表示该件曾进行过技术更改。更改包括零件材料的改变、零件结构的改变、对零件技术要求的改变（如公差、硬度等）以及零件来源的变化（如供应商的改变）等。

第五部分：第 12 ～ 14 位，表示备件颜色代码。颜色代码用三位数字或三位字母的组合表示，它说明该件具有某种颜色特征。例如 01C 表示黑色带有光泽，3U6 表示艺术灰，GRU 表示备件是涂底漆的。备件 L3CD　867　233　6K8 中的颜色代码为 6K8，对应的内饰组合代码为 AS。在实际零件号查找过程中，应以内饰组合码为准进行区分。

2. 标准件与类似标准件的备件码

（1）标准件的备件码　标准件的备件码一般由字母"N"及两组各为三位数的数字（或带有一个或两个数字）组成，在德国可从《标准件》目录中查找所需的标准件。在一汽 - 大众备件电子目录系统中，可根据标准件所属的总成在电子目录中的主组及子组进行查找。例如：

N017　732　2　　*转向灯灯泡*

N017　753　2　　*牌照灯灯泡*

N011　008　8　　*六角螺母（保险杠支架上）*

N104　187　01　　*五阀点火线*

（2）类似标准件的备件码　类似标准件的备件码一般由字母"N"及第一组为 9×× 的数字组成，其他部分与标准件相同，在德国也可以从《标准件》目录中查找。在一汽 - 大众备件电子目录中的查找方法同标准件。例如：

N　903　237　03　　*带自锁凸肩的六角螺母（后桥体中）*

N　903　544　01　　*带凸肩的六角头螺栓*

N　905　618　01　　*卡箍（进气软管）*

有了完备的汽车备件体系，就可以利用相应的汽车 EPC 软件进行查询等工作，但需要注意：虽然在已知一个备件码的情况下可以利用电子目录的查找功能快速查找所需的备件，但输入时仍然有一定的格式和技巧。例如在将完整备件码输入查找时没有显示结果的情况下，可以使用通配符" ＊ "来帮助查找，如可输入部分编号配合通配符，格式为" ＊ ＊ ＊905 161 ＊ ＊ ＊ ＊ ＊ "。

在大众汽车备件体系中最常用的是备件码，因而在下一小节中将着重介绍如何使用大众备件码在汽车 EPC 软件中完成相应的工作。在大众汽车备件体系中常用的还有底盘号和整车销售代码等，而对于这些代码的意义和使用规则本书则不再介绍。

2.2.2 大众汽车 EPC 软件的基本操作与查询功能

大众汽车 EPC 软件是为了方便相关工作人员快速查询相关备件的信息以更有效率地完成各项工作而开发的专业软件，熟悉其主要的使用方法能更好地完成与备件相关的各项工作。

由于一汽-大众和上海大众（现已更名为上汽大众）的 EPC 软件功能一致，这里将以上海大众 EPC 软件的使用为例进行详解。

1. 大众汽车 EPC 软件的基本操作

登录大众汽车 EPC 软件需要正式的注册名和密码，在登录之后会默认进入车型界面，如图 2－40 所示，而在使用时可通过单击左侧主要功能菜单来进行操作。使用大众汽车 EPC 软件工作时最主要的是使用车型、图例、查询及订单四个菜单。下面将分别介绍这四个菜单的基本操作。

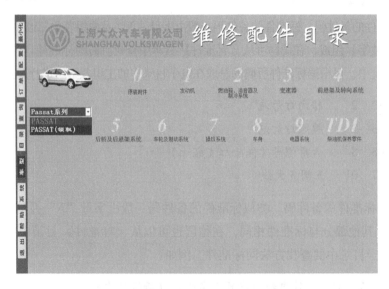

图 2－40　大众汽车 EPC 软件登录后的默认界面

（1）车型菜单　车型菜单如图 2－40 所示，展示的是每一款大众汽车备件构成的分类，大众汽车备件在 EPC 软件中共分为发动机、燃油箱、变速器、前悬架及转向系统、后桥及后悬架系统、车轮及制动系统、操纵系统、车身及电器系统 9 个大类，还增加了第 0 类原装附件这个特殊类。各个大类包含的主要零部件如图 4-41~图 4-50 所示。

第 1 大类：发动机、燃油喷射系统
如发动机总成、气缸体、气缸盖、活塞、连杆，
连接部件，发动机托架、支架及紧固件（发动机）；
进气管、空气流量计（燃油喷射）等

发动机

图 2-41　大众汽车备件第 1 大类示意图

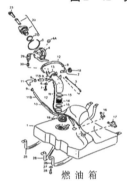

第 2 大类：燃油箱，排气系统，空调制冷
循环部件
如燃油箱、排气管、空调制冷系统等

燃油箱

图 2-42　大众汽车备件第 2 大类示意图

第 4 大类：前轴，前轮驱动差速器，转向系统，前减振器

如差速器、转向器、前减振器等

第 3 大类：变速器
如变速器总成及内部部件

变速器

前悬架系统

图 2-43　大众汽车备件第 3 大类示意图　　　**图 2-44　大众汽车备件第 4 大类示意图**

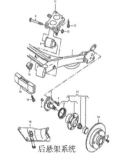

第 5 大类：后轴，后轮驱动差速器，后减振器
如后桥、后轮轴承、后减振器等

后悬架系统

第 6 大类：车轮及制动系统
如车轮、车轮装饰盖、制动系统等

车轮

图 2-45　大众汽车备件第 5 大类示意图　　　**图 2-46　大众汽车备件第 6 大类示意图**

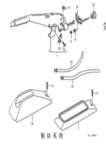

第7大类：手动、脚动杠杆操作机构
如手脚制动系统

图2-47 大众汽车备件第7大类示意图

第8大类：车身及装饰件，空调壳体，
前后保险杠
如车身总成、前后保险杠、
空调通风系统等

图2-48 大众汽车备件第8大类示意图

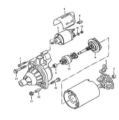

第9大类：电器
如发电机、起动机、控制器、灯具、
线束等

图2-49 大众汽车备件第9大类示意图

第0大类：附件（千斤顶，天线，收音机、
发动机底板护板）及涂料材料

图2-50 大众汽车备件第0大类示意图

（2）图例菜单 图例菜单展示的是汽车备件子组详细的组成情况示意图和对应的信息。当在车型菜单界面单击某一类的数字标题时，会显示这一类所有的备件列表，可以通过双击某一项备件的标题进入图例菜单界面，并对其图号和备件码进行详细查询，如图2-51和图2-52所示。

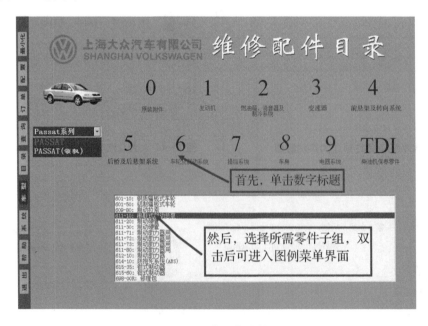

图2-51 车型菜单界面

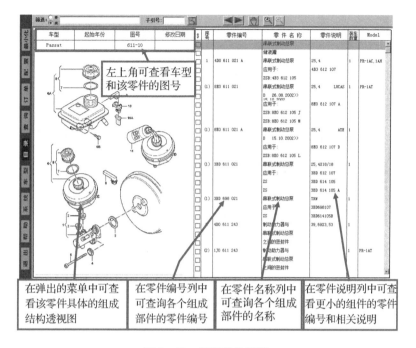

图 2-52　图例菜单界面

当需要查询价格信息时，可双击某一备件的标题，即可进行查询和下订单，如图 2-53所示。

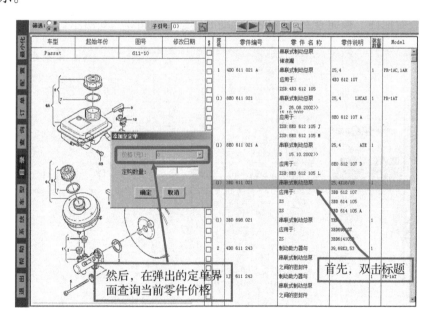

图 2-53　图例菜单的价格子菜单

图例菜单也可直接通过单击"目录"进入，如图 2-54 所示。

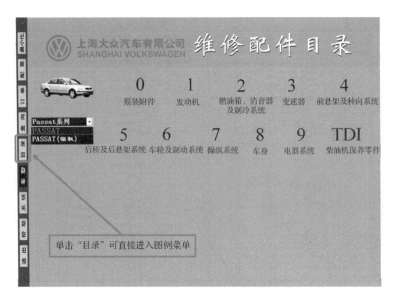

图 2-54　图例菜单进入方式

（3）查询菜单　查询菜单如图 2-55 所示，它的功能主要是根据相应已知的备件的信息去查询其他的相关信息，如车型、图号、零件编号、数量、参考价格及型号规格等。在进行查询操作时该界面主要提供图号、备件码（图中为配件号）、车型和类别等查询方式，在查询时只需在相应搜索菜单处输入有关信息即可。同时也可在查询到相应结果以后通过"在目录中查看配件"按钮查看该零件更详细的信息，如图 2-56 所示。

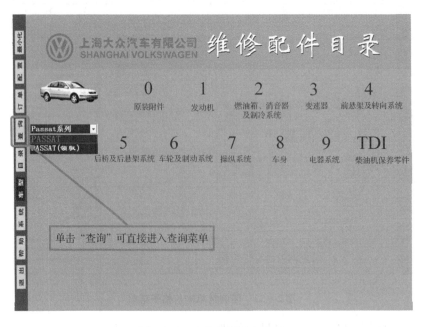

图 2-55　查询菜单进入方式

图 2-56　查询菜单基本操作界面

（4）订单菜单　订单菜单的功能主要是快速制订所需备件的订单并进行配送。订单菜单可通过直接单击"订单"进入（图 2-57），其基本操作界面如图 2-58 所示。

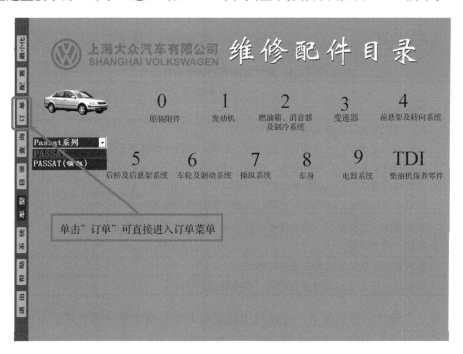

图 2-57　订单菜单进入方式

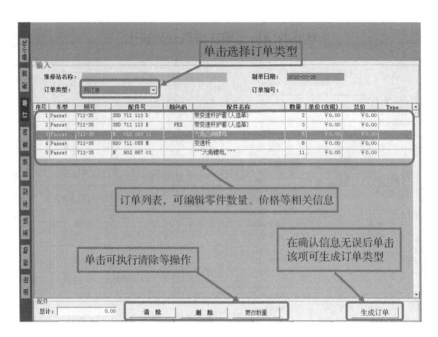

图 2-58 订单菜单的基本操作界面

订单制作时也可通过图例菜单把所需的每个备件的信息添加进订单。

2. 大众汽车 EPC 软件的备件查询功能

在电子目录中，在插图中、备件码（图中为配件号）前、件数栏和备注栏处有一些特定符号，而正确掌握其含义是正确查出所需备件码的前提（见表 2-6）。

表 2-6 备件查询时的基本功能符号

符　号	符号说明
－	图中无显示
X	在件数栏中表示：根据需求
*	在件数栏中表示：根据供货单位（m）提供；在备件码前表示：该件在修理包中提供
>	在备件码前表示：此件可更换，注意备件码及供货范围可能有偏差
#	在备件码前表示：可提供更换件，但相应旧件必须归还
（ ）	在图示栏中表示：此件无示意图，可参考无括号的示图
> >	在底盘号、发动机号、变速器号之前表示：到…为止；在底盘号、发动机号、变速器号之后表示：从…开始
S	在备注栏中表示：特种车或特种装配
PR －	在备注栏中表示：原始特征代码（基本装备）

在已知一个备件码的情况下，可以利用电子目录的查找功能快速查找所需的备件（需要注意：电子目录查询窗口中备件号的书写方法不同于 R3 系统，在查询窗口中备件号的每一位字符之间不允许有空格）。注意：若将全部备件号输入查找没有结果，可以使用通配符"＊"帮助查找。

大众汽车 EPC 软件主要提供以图号进行查询、以备件码进行查询和以零件名称进行查询三种基本查询方式,下面分别介绍。

(1) 根据图号查询备件的其他信息 该种查询方式与丰田汽车 EPC 软件的图例查询相似,需要使用者具备较好的汽车修理经验。这里通过一个实例进行说明:已知车型为SANT3000,所需备件图号为300-00,可以通过图号查询获取备件码和其他相关信息,如图 2-59 和图 2-60 所示。

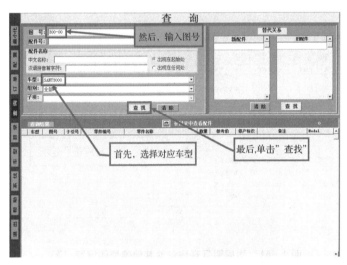

图 2-59 根据图号查询备件其他信息的流程 (1)

图 2-60 根据图号查询备件其他信息的流程 (2)

如需进行精确查询可通过单击"在目录中查看配件"按钮进入图例菜单依次进行查验，如图 2 - 61 和图 2 - 62 所示。

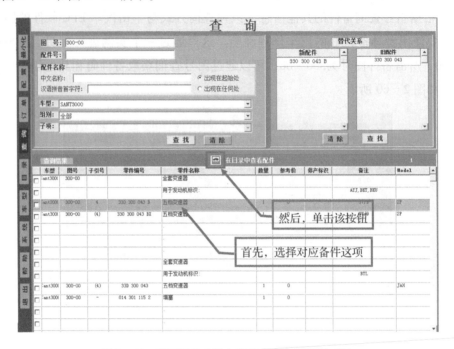

图 2 - 61　根据图号查询备件其他信息的流程（3）

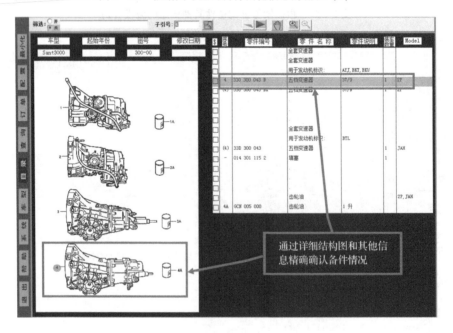

图 2 - 62　根据图号查询备件其他信息的流程（4）

通过上述查询方式基本上可以准确地定位并找到相应备件的备件码及其他信息，再进行后续工作。

（2）根据备件码查询备件的其他信息 根据备件码查询备件的其他信息是使用大众汽车 EPC 软件时最常用的查询方式，查询时只需要输入精确的备件码（图中配件号处）就可以，但要注意相应格式。例如已知某配件号 L6Q5800403A01C，则在查询时只需要输入 6Q5 800 403 或 6Q5 800 403 A 即可精确找到到该零件的相关信息，如图 2-63 所示。

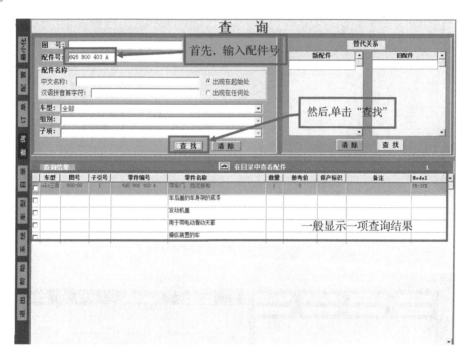

图 2-63 根据备件号查询备件其他信息的流程

根据备件码查询备件的其他信息是非常简单的配件查询方式，若知道汽车的其他信息，如车型、组别（主组）和子项（字组），也可以在相应位置选择更详细的信息以利于更快查找到备件的相关信息。

（3）根据零件名称查询备件的其他信息 根据零件名称查询备件其他信息的查询方式同样需要使用者对汽车构造非常熟悉，最好有一定的汽车维修经验，这样才能更熟练地使用该软件进行相应查询工作。

这里通过一个实例进行说明：已知车型为 Touran 系列，需要查询交流发电机（140A valeo）的配件号（备件码）、子引号、图号和其他规格产品信息，查询过程如图2-64～图 2-66 所示。查询该备件的其他规格产品信息时可利用查询菜单输入相应的配件号 06f 903 023 c 进行，如图 2-66 所示。

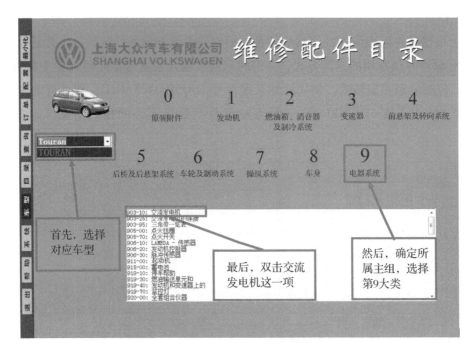

图 2-64 根据零件名称查询备件其他信息的流程 (1)

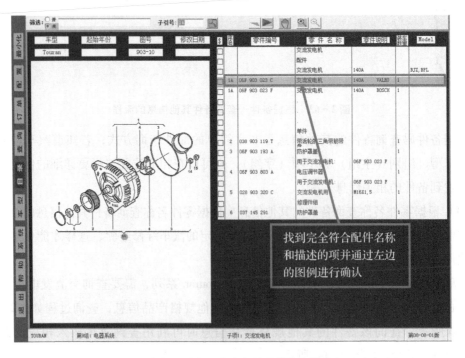

图 2-65 根据零件名称查询备件其他信息的流程 (2)

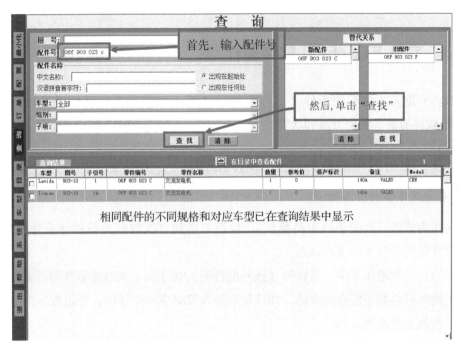

图 2 - 66　根据零件名称查询备件其他信息的流程（3）

利用该种查询方式查询时图例菜单中可能出现配件名称重复项，若需要精确查找可利用子引号和规格进一步确认，对汽车结构熟悉也可通过详细结构图进行确认。

大众汽车 EPC 软件在使用时其最大的作用体现在备件的信息查询功能上，因而本节做了非常详细的说明和图解，但具体使用时还需注意以下方面：

1）由于为生产部门供货的厂家可能不止一家，而在提供备件时并不是所有供货厂家的产品都会作为备件提供，因此若无备件码而直接输入备件的实物号（零件实物上的编号）进行查询可能会没有结果。

2）有些备件（如收音机、导航单元等），将其上的实物号直接进行查询也可能得不到想要的结果。因为实物号是硬件号，有些情况下可能会以备件的软件号作为备件码。

例如 4E0　910　887　F 为奥迪 C6 的导航单元备件码，4E0　919　887　E 是其硬件的零件号。

3）对于总成备件，要注意旧件上的实物号并不一定是总成的备件码，可能是组成其某个单件的零件号，若按此号查找备件是不能够正确订货的。

上文已对大众汽车 EPC 软件的具体使用方法和功能做了详细介绍，需要补充的是，无论使用大众汽车 EPC 软件进行何种查询，其一般步骤如下：确认备件码的有关参数→确定备件的组别、子项、图号等基本信息→通过车辆铭牌或标牌、发动机号和底盘号进行检验和复核。通过上述方式可以快速有效地查找到零配件准确的相关信息。

2.3 宝马 ETK/EPC 软件简介

本节将介绍宝马汽车的备件（或称配件）体系（主要是备件码的使用）以及宝马 ETK/EPC 软件的基本使用方法和功能。

2.3.1 宝马汽车的备件体系及编码规则

1. 宝马汽车备件体系概述

宝马作为德国三大豪华汽车品牌从 20 世纪末就建立了较好的备件体系并不断改进，下面大致介绍宝马汽车的备件体系。

在宝马备件管理体系中，备件码（或称配件码）与丰田、大众等备件码的编码方式不同，是由纯阿拉伯数字组合构成的，并且每个备件只对应一个号码，每组数字的组合都表示这个备件的某种性质。

2. 宝马备件码的编码规则

宝马备件码一般由 11 位构成，分为 3 个部分，分别是主组（2 位）、子组（2 位）和配件编号（位），如图 2-67 所示。

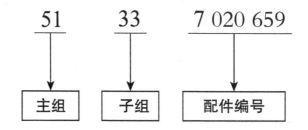

图 2-67 宝马备件码的编码规则示意图

下面就这 3 个部分具体介绍宝马备件码的意义。

第一部分：1~2 位，表示备件所属大类（主组）。根据备件在汽车结构中的作用和性能的差异，宝马备件体系将备件码分成数十个大类，如 11 表示发动机组，18 表示排气系统等。

第二部分：3~4 位，表示备件所属小类（子组）。宝马备件的每个大类又分为若干小类，每个小类实际是指构成某大类的其中某更小的部分或小部件，更详细地指明了备件在这个大类组成中更具体的位置。

第三部分：5~11 位，表示配件编号。配件编号由 7 位数字按照一定格式组成，它表明某种规格的具体配件。

　　宝马备件码的使用对于很多宝马汽车的基本业务都是不可或缺的，而宝马其他备件体系中的编号，如硬件号、底盘号等这里就不再详述，接下来将继续介绍如何使用宝马 ETK/EPC 软件完成配件信息的查询工作。

2.3.2　宝马 ETK/EPC 软件的基本操作和查询功能

　　宝马 ETK/EPC 软件是宝马公司为了方便相关工作人员快速处理与零备件有关的工作并与经销商建立更快的商务通道，同时更有效地共享零备件信息而开发的企业软件，下面将详细介绍其基本操作和零件信息查询功能。

　　1. 宝马 ETK/EPC 软件的基本操作

　　宝马公司或宝马 4S 店的职员可以通过特定职工号和密码登录宝马 ETK/EPC 软件，而其他人员则必须通过官网或网上商城购买正版软件以获取正式的注册名和密码来登录并使用宝马 ETK/EPC 软件。在登录之后会默认进入图 2 - 68 所示的主操作界面。为了方便使用者更快地熟悉并熟练使用宝马 ETK/EPC 软件，本节将着重介绍工作过程中最基本且相对重要的零件搜索、零件使用、补充信息和额外四个菜单。由于宝马 ETK/EPC 软件须在使用前正确设定汽车型号、产品类型、商品目录范围和驾驶方式等信息才能正常完成各种工作，而使用前的软件设置在额外菜单中，因此这里先介绍额外菜单，然后分别介绍另外三个菜单。

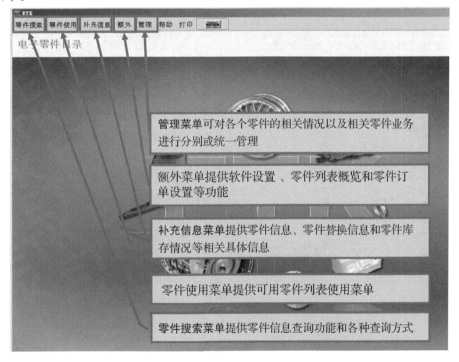

图 2 - 68　宝马 ETK/EPC 软件的主操作界面

（1）额外菜单 额外菜单的功能主要是对当前软件的登录信息、基本设置进行修改和设定，同时对零件列表、零件订单和附件进行管理（图2-69）。若想正确使用宝马ETK/EPC软件进行相关的零备件工作，首先必须在额外菜单中进行合理设置才能保证工作的顺利完成，因而其子菜单——设置菜单是首次使用这款软件时非常重要的部分，下面简单介绍设置菜单。

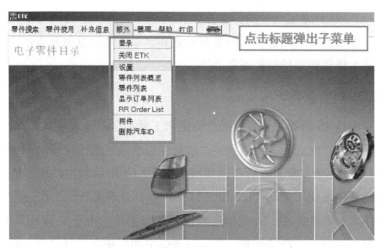

图2-69 宝马ETK/EPC软件额外菜单界面

设置菜单的操作界面如图2-70和图2-71所示，其中最为基本的是汽车型号、产品类型、商品目录范围和转向盘的设定，汽车型号、产品类型和商品目录范围的设定主要体

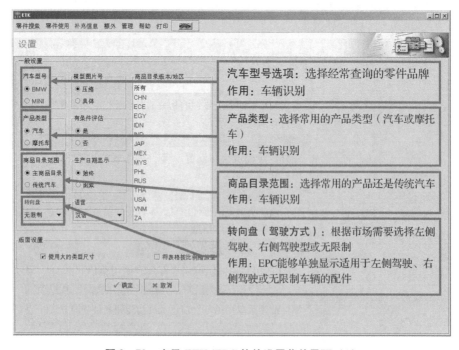

图2-70 宝马ETK/EPC软件设置菜单界面（1）

现了对于车辆种类、车型和商品类型准确识别的功能，而转向盘的设定则体现了根据不同国家地区驾驶方式不同而对本车零配件的相应特性进行约束，以便更精确地查找和使用该零件信息的功能。除此之外，还有模型图片号、商品目录版本/地区、有条件评估、生产日期显示和语言五个选项，模型图片号、有条件评估和生产日期显示这三个选项是针对不同的软件信息查询工作需要进行设置调整的项目，而商品目录版本/地区体现的是对不同国家所对应的专门的零备件商品目录版本进行匹配的功能，语言则是设定当使用者在使用这款软件时该软件的操作界面显示的语言（如简体中文、英语等）。通过设置菜单进行整体配置，可以帮助工作人员使用宝马 ETK/EPC 软件更准确、更简便地查询相应信息和处理相关业务。

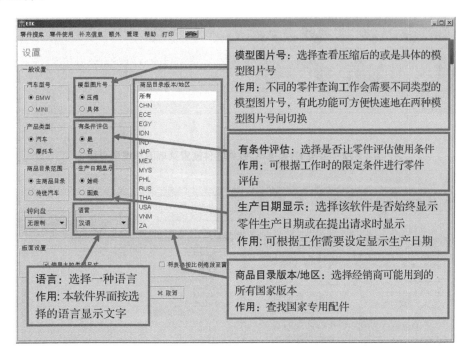

图 2 - 71　宝马 ETK/EPC 软件设置菜单界面（2）

（2）零件搜索菜单　零件搜索菜单是宝马 ETK/EPC 软件最重要、最核心的功能菜单，其作用主要体现在可针对当前工作需要快速而准确地查找到所需零件及其相关信息并加以应用。对于宝马 ETK/EPC 软件，其最大的价值其实就体现在对于零件信息的查询以及处理方面，下面简单介绍下零件搜索菜单。

零件搜索菜单有图形和指定两个子菜单，其基本操作界面如图 2 - 72 和图 2 - 73所示。

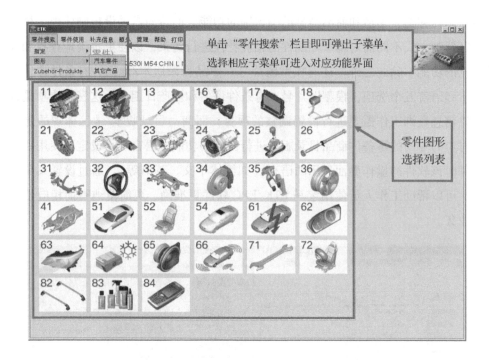

图 2-72 宝马 ETK/EPC 软件零件搜索菜单图形搜索界面

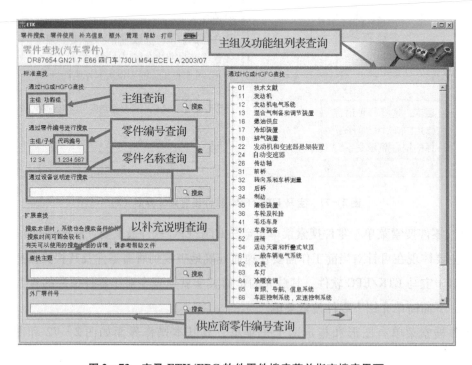

图 2-73 宝马 ETK/EPC 软件零件搜索菜单指定搜索界面

通过以上两幅图，可以看到宝马 ETK/EPC 软件的零件搜索菜单提供了多种不同的零件查询方式，而通过这些查询方式可以快速有效地完成零件查询工作，具体的查询操作将在宝马 ETK/EPC 软件的基本查询功能中进行详细介绍。

（3）零件使用菜单 零件使用菜单的作用是对查找到的零件及其具体的相关信息进行检验，并通过图片等其他信息进行更精确的信息匹配。通过宝马 ETK/EPC 软件的零件使用菜单可以最大限度地检查和核验所查找到的零件的基本信息并在相关业务中使用（如制订对应经销商的零件订单）。宝马 ETK/EPC 软件零件使用菜单界面如图 2-74 所示。

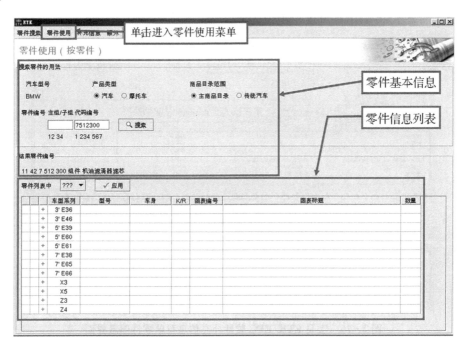

图 2-74 宝马 ETK/EPC 软件零件使用菜单界面

（4）补充信息菜单 补充信息菜单的作用是查找零件详细情况、零件其他说明、零件替换、零件库存和套件零件等相关信息并对相关信息进行处理和使用。下面先了解补充信息菜单界面，如图 2-75 所示。

图 2-75 宝马 ETK/EPC 软件补充信息菜单界面

通过上图可以看出，补充信息菜单界面功能比较复杂，但在使用时该菜单的下属零件信息栏目是最基本也是使用最多的，通过零件信息也可链接到其他子菜单进行配合使用。宝马 ETK/EPC 软件补充信息菜单零件信息界面，如图 2–76 所示。

说明： 在零件技术信息中大多数信息可直接使用，如旧零件编号；但还有一些信息需要一定的宝马专业技术知识才能知道其具体含义，如可更换性、制造指示和产品级别这三项。在可更换性、制造指示和产品级别这三项之后会以数字组合的形式显示相应结果。例如可更换性后显示 02 表示不可逆替换，若制造指示后显示 12 则表示该零件为喷漆零件，而产品级别后显示 26 表示零件度量单位为 m^2。

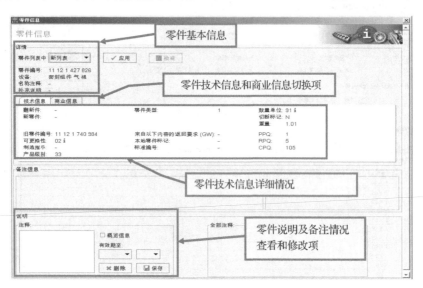

图 2–76　宝马 ETK/EPC 软件补充信息菜单零件信息界面

在宝马 ETK/EPC 软件补充信息菜单的零件信息界面可以更加详细地了解零件的各项技术信息和商业信息以便处理其他的零件相关业务。

2. 宝马 ETK/EPC 软件的基本查询功能

在介绍宝马 ETK/EPC 软件的零件搜索菜单时提到该软件最核心也是体现其最大价值的功能就是零件信息查询功能；在额外菜单下属的设置菜单中设定好宝马 ETK/EPC 软件的相关使用规则后，可以通过宝马 ETK/EPC 软件进行查询操作时提供的以指定零件信息进行查询和以零件图形进行查询两大类基本查询方式进行查询工作，下面分别介绍这两类查询方式。

（1）根据指定零件信息进行查询　该类查询方式的实质是当知道零件部分相关信息时，可指定相应的查询方式进行零件信息查询。下面通过三种常见情况进行举例说明。

第一种常见情况：若已知车型为宝马 7 系，车身结构为 4 门 5 座三厢车，车型为730Li，又知所查零件的主组和子组（功能组）号分别为 34 和 41，如果想要查询修理套件中弹簧的编号和其他信息，可通过图 2-77~图 2-79 所示方式进行查询。

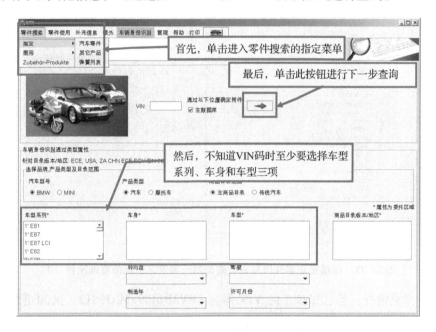

图 2-77　根据指定零件信息进行查询第一种常见情况的查询流程（1）

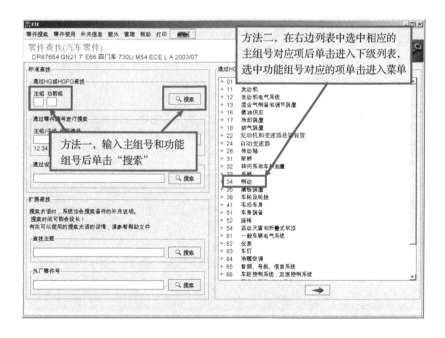

图 2-78　根据指定零件信息进行查询第一种常见情况的查询流程（2）

图 2-79　根据指定零件信息进行查询第一种常见情况的查询流程（3）

第二种常见情况：若已知该车的 VIN 码为 LBV3B1409FMB79812，又知道所查零件的零件编号为 7512300，如果想要查询该零件的名称和其他信息，可通过图 2-80~图 2-82所示方式进行查询。

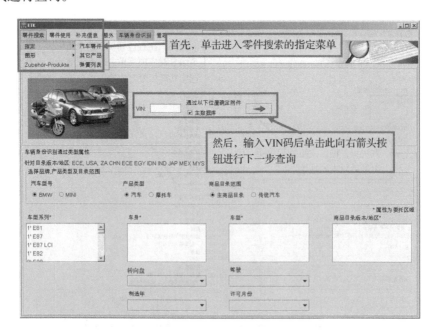

图 2-80　根据指定零件信息进行查询第二种常见情况的查询流程（1）

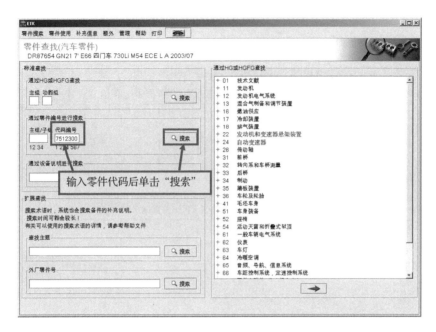

图 2 - 81　根据指定零件信息进行查询第二种常见情况的查询流程（2）

图 2 - 82　根据指定零件信息进行查询第二种常见情况的查询流程（3）

　　第三种常见情况：若已知该车的 VIN 码为 LBV3B1409FMB79812，又知所查零件的零件名称为风窗玻璃，且是用于喷雨传感器的，如果想要查询该零件的其他信息（零件号、适用车型、特性说明等），可通过图 2 - 83 ~ 图 2 - 86 所示方式进行查询。

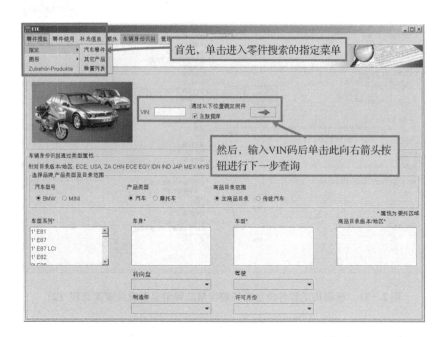

图 2-83 根据指定零件信息进行查询第三种常见情况的查询流程（1）

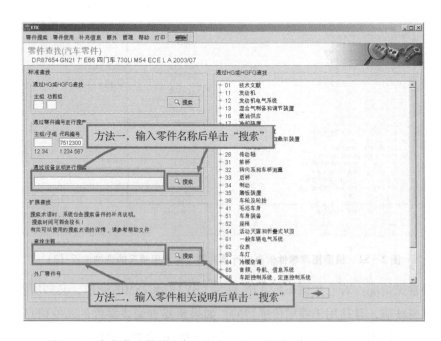

图 2-84 根据指定零件信息进行查询第三种常见情况的查询流程（2）

图 2-85 根据指定零件信息进行查询第三种常见情况的查询流程（3）

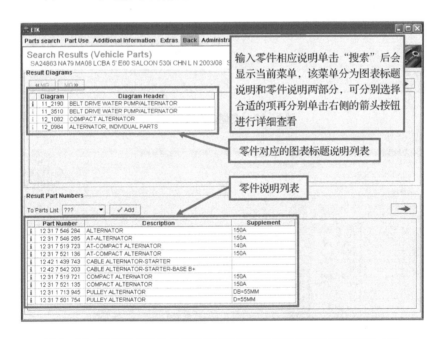

图 2-86 根据指定零件信息进行查询第三种常见情况的查询流程（4）

以上是通过宝马 ETK/EPC 软件利用指定零件信息进行查询时比较常见的三种情况，需要特别说明的是第三种情况在查询时要注意，如果使用补充说明内容进行零件信息查询，零件说明只能是英文，因为当下只支持补充说明的英文搜索，所以可能需要在使用宝马 ETK/EPC 软件时切换成英文操作界面（图 2-86）。

在实际工作中，对于本车零件所知信息非常欠缺这种情况也是很常见的，因而在通过宝马 ETK/EPC 软件利用指定零件信息进行查询时除了以上三种查询方式，还有一种模糊查询的方式可以使用，使用时会经常用到一个符号"＊"，这个通配符的含义是选取与该符号后边所跟字符段相同的信息，格式为"＊+描述（至少 3 位）"。例如，如果知道某车型的零件编号中有 300 这一段编号，想要快速完成零件名称和其他信息的查询工作，则可参照图 2-87 和图 2-88 所示的查询流程。

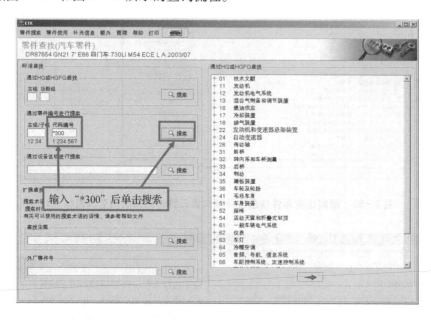

图 2-87　模糊查询流程（1）

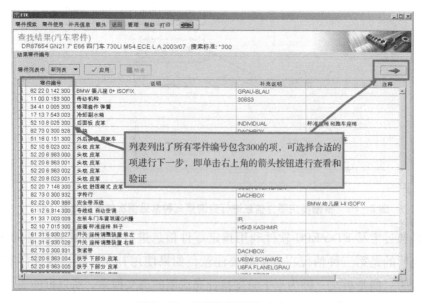

图 2-88　模糊查询流程（2）

通过上述模糊查询方式可以在信息十分不完整的情况下查询到所需零件的相关信息。

（2）根据零件相关图形信息进行查询　　该类查询方式是在知道某汽车的零件形状或结构图时利用图形列表进行查询，并查找到所需该零件的其他信息。但是该类查询方式在使用时对使用者的要求很高，若是由具有较多汽车维修经验或对汽车构造十分熟悉的使用者使用，较容易上手。

为了更好地让使用者了解这种查询方式，这里给出一个实例加以说明。例如已知一幅风窗玻璃的图片，要查询其所对应的零件号和具体车型等信息，则可根据图 2 - 89 ~ 图 2 - 93 所示方式进行查询。

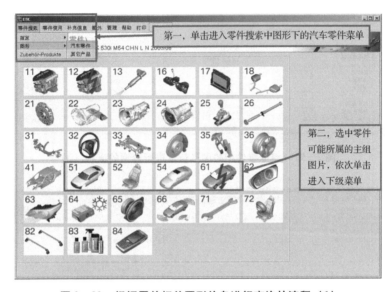

图 2 - 89　根据零件相关图形信息进行查询的流程（1）

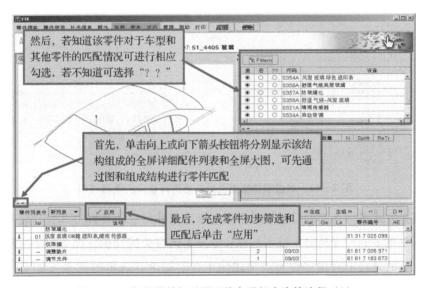

图 2 - 90　根据零件相关图形信息进行查询的流程（2）

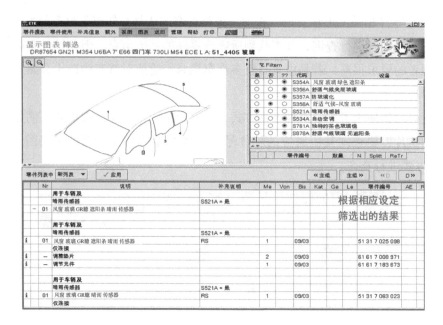

图 2-91　根据零件相关图形信息进行查询的流程（3）

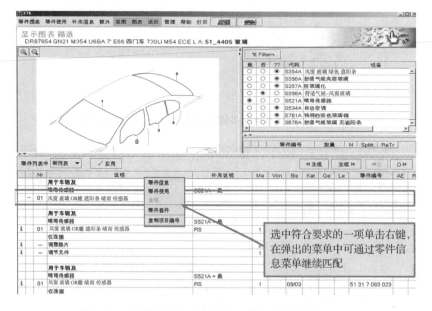

图 2-92　根据零件相关图形信息进行查询的流程（4）

　　运用以上方式进行查询的过程相对于根据指定零件信息的查询方式是比较复杂的，并且查询时需要更多的与宝马公司技术指标和专业名词有关的知识，图 2-92 所示位于下方的配件筛选后的列表中有很多符号或描述使用者不知道其表示的意义（如有一列标题是 Me）。因此为了方便使用者更好地应用这款软件，这里对图形筛选界面中的配件列表做一个详细说明，如图 2-94 所示。

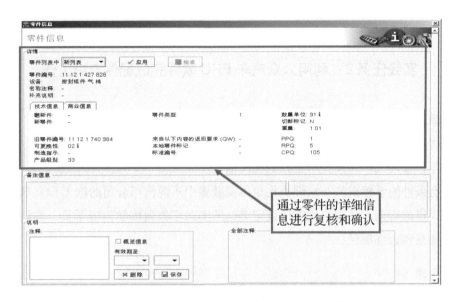

图 2 - 93　根据零件相关图形信息进行查询的流程（5）

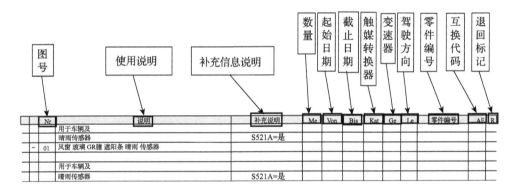

图 2 - 94　图形筛选界面中零件列表的各项说明

图 2 - 94 所示零件列表中的各项技术指标的详细情况可自行查阅宝马公司的内部资料获取和学习。

总之，根据零件相关图形信息进行查询的方式需要使用者在大量的工作任务和实践中慢慢熟悉掌握。

本章主要介绍了丰田、大众和宝马三个汽车公司的汽车 EPC 软件的预备知识（主要是备件编码）和作为核心功能的零件查询功能，其他世界著名的汽车公司，如通用、戴姆勒、福特、本田、日产等并没有进行介绍，希望读者能自行查找相关资料进行学习，而本书今后也会慢慢完善。通过本章的详细介绍，希望读者能够更清楚地了解三个汽车公司的备件体系情况，并根据相应的工作环境快速上手，最终可以灵活使用这三个汽车公司的汽车 EPC 软件，以提升相应的工作效率和质量。

实践任务 2：利用大众汽车 EPC 软件完成配件查询工作

任务描述 ➤

在机房或实验室的计算机内安装大众汽车 EPC 软件，在规定时间内运用该软件完成三种不同的零件查询工作并按要求查找到相关信息。

其他有条件的学校或汽车培训机构也可安装多个不同汽车公司的汽车 EPC 软件，并根据其自身提供的查询方式和使用方法设定类似的实践任务训练学生或学员，在训练时可相应增大训练量和训练项目。

任务要求 ➤

1）根据已知的车型和图号按要求查找零件的名称、零件号和其他信息。

2）已知零件号，按正确的零件号格式查询零件的名称和其他信息。

3）已知车型和零件名称，利用合适的方式查询零件的零件号和其他信息。

4）三种零件查询（本次实验 30 项查询和信息录入）工作需在 75min 内完成。

任务内容 ➤

1）根据下列车型和图号查询符合该图号的零件信息，并将符合该车型和图号的至少一种零件信息填入下表。

车型	图号	零件名称	单价/元	model	配件类型
Gol	611—10				
Polo 两厢	511—10				
Passat	201—95				
Passat（领驭）	323—58				
Polo（劲情）	411—10				
SANT3000	300—00				
Touran	511—00				
Gol	601—10				
Lavida	409—17				
Santana	201—10				

2）查询下列配件号对应的零件信息，并将查询到的信息填入下表。

配件号	零件名称	单价/元	图号	车型	子引号
L6Q0803310C01C					
L1T0201993EROT					
L058253039KGRU					
L06A129597H3U6					
L330612107BBLA					
L171611349AROT					
L811611945BBLA					
L18D035243A3U6					
LGCN000600D43U6					
L02K409210ABLA					

3）根据下列车型和零件名称查询零件的其他相关信息并填入下表。

车型	零件名称	零件编号	单价/元
Santana	变速器壳体轴承盖		
POLO 三厢	点火线圈的点火变压器		
Passat	交流发电机防护罩盖		
Touran	发动机进气管盖护球头		
Santana3000	车身前部横梁减振装置		
Lavida	转向柱横梁调整件		
POLO（劲取）	防抱死制动系统转速传感器		
Gol	4 门车顶		
Passat	加速踏板支架		
Touran	valeo 交流发电机（140A）		

任务提示 ➤

1）根据车型和图号查询时合理使用查询和图例菜单的相关功能。

2）根据配件号查询时注意配件号的不同功能段位数和查询格式。

3）根据车型和零件名称进行查询时注意灵活使用车型菜单和图例菜单，或是灵活使用查询菜单中的车型、组别和子项查询功能。

实践任务3：利用大众汽车 EPC 软件完成业务文件制作

任务描述➤

在机房或实验室的计算机内安装大众汽车 EPC 软件，在实践任务 2 完成的基础上利用 Word 或 Excel 软件制作业务单，本次实践需完成配件询价单的制作并把查询到的信息按要求完整地填入表单中。

在练习时不同学校、培训机构或汽车企业可根据自身的汽车业务情况让学生或学员制作不同的业务文件并进行相应的使用；同时，还可进一步让他们按要求进行简要的统计和分析，并结合其他工作环节，如保险理赔定损等。

任务要求➤

1）熟练利用 Word 或 Excel 软件制作汽车配件询价单。

2）将实践任务 2 中查找到的零件信息按要求填入汽车配件询价单。

3）将汽车配件询价单填写完整。

任务内容➤

1）参照下图的样式用 Word 或 Excel 软件制作汽车配件询价单。

2）制作文件时文件标题、表格内的文字和联系信息均采用宋体，字的大小控制在 12～18 磅，商标文字大小自定。

3）表格制作好后，将实践任务 2 中查到的零件信息填入其中，并在配件类型符合要求的选项处打勾，联系人、电话等信息填学生或学员自己的真实信息，除了价额一列和总计一行，其余内容需填写完整。

4）价额列和总计行的信息需通过自定义计算公式完成计算。

5）文件完全制作完成后调整页边距为上、下、左、右各 2cm，纸张方向为纵向，并在打印预览状态下检验是否与上图基本一致。

四川成都××汽车配件询价单　　　　　　　　　　编号：

车辆信息	车型		VIN					
	发动机型号		其他信息					
序号	零件名称	零件编号	单价	数量	价额	单价			备注
						正厂	副厂	国产	
1									
2									

（续）

车辆信息	车型		VIN				
	发动机型号		其他信息				

序号	零件名称	零件编号	单价	数量	价额	单价			备注
						正厂	副厂	国产	
3									
4									
5									
6									
7									
8									
9									
10									
11									
12									
13									
14									
15									
16									
17									
总　　计									

联系人：　　　　　电话：　　　　　传真：　　　　　E-mail：

任务提示 ➢

1）可快速利用大众汽车 EPC 软件的一些快捷操作将信息快速录入利用 Word 或 Excel 软件制作的汽车配件询价单中。

2）若利用 Word 软件进行文件制作，注意图片的布局调整，设定自定义计算公式时可利用窗体功能完成。

3）若利用 Excel 软件进行文件制作，注意调整视图中的分页预览，设定自定义计算公式时可直接单击单元格输入公式完成。

4）书写自定义计算公式时注意使用基本的运算符号，如："＋""－""＊"和"／"，也要学会使用 SUM（）和 PRODUCT（）这样的求和及求积函数。

第 3 章

具有汽车 EPC 功能的汽车业务软件及使用

学 习 要 求

1）了解现在常见汽车业务软件的发展及其与汽车 EPC 软件的融合。

2）熟悉一些常见的集成了汽车 EPC 软件主要功能的汽车业务软件的操作界面和基本操作。

3）掌握与保险理赔、汽车定损有关的汽车业务软件的使用方法。

本章将介绍现在一些常见汽车业务软件的发展情况，并着重介绍与车险理赔和汽车查勘定损有关的汽车软件及其相关操作和使用，并通过工作环节和案例的引入帮助读者熟悉如何利用这些汽车业务软件完成相应的基本工作。

3.1 常见汽车业务软件及其与汽车 EPC 软件的融合发展

20 世纪末，汽车的发展进入电子化和智能化的时代，智能化的发动机控制、自动变速、动力转向、电子稳定程序、巡航行驶和全球卫星定位等智能化自动控制系统相继出现，使汽车变得更好操作，而功能也更加完备，但随着网络和智能交通等车辆辅助信息系统的迅速发展，以及进入 21 世纪后人们对车辆需求的大幅度增加（尤其在我国），汽车公司为了更好地利用当前有利环境管理公司的信息和面对市场竞争，开发了更多的应用型汽车软件，使得汽车软件在进入 21 世纪后取得了很大的发展和应用。这里介绍一些常见的应用较多的汽车业务软件。

1. 常见汽车业务软件

（1）汽车综合业务管理软件　在政府机构、汽车公司或汽车 4S 店都有汽车综合业务管理软件，而这款软件的功能主要是从整体上通过将信息化管理融入到各项汽车业务来提升管理效率和增加经营效益。常见的汽车综合业务管理软件如图 3 - 1 和图 3 - 2 所示。

图 3 - 1　政府公务车综合管理平台

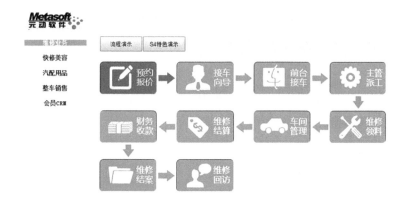

图 3 - 2　上海元动 4S 店管理软件功能界面（网页版）

（2）汽配软件　汽配软件是现在中小企业比较常用的一款软件，而传统的汽车 EPC 软件（以汽车信息查询为主要功能）也属于汽配软件。汽配软件的功能主要体现在可方便且有效率地查找并使用汽车配件信息，同时能切实地支撑汽车维修、汽车定损和汽车理赔等工作环节，常见的汽配软件，如汽配通汽配软件的功能界面如图 3 - 3 所示。

图 3-3 汽配通汽配软件的功能界面

（3）汽车销售软件 汽车销售软件在汽车 4S 店和汽车卖场使用得比较多，其功能主要是对汽车整车和配件的采购、销售、库存及财务进行统一管理，如像过河软件技术公司的汽车销售软件就是一款比较常见的汽车销售软件，其功能界面如图 3-4 所示。

图 3-4 象过河汽车销售软件的功能界面（网页版）

（4）车险理赔与定损软件 面向客户的车险理赔软件，如中国平安的车险理赔软件（图 3-5）是一款为客户提供一键报案、自助理赔、道路救援、人伤理赔以及资料补传等功能的服务性质软件；而面向保险公司、汽车 4S 店和汽车修理厂工作人员的车险理赔与定损软件（图 3 - 6）则是一款协助完成查勘定损、核价、核赔等工作的业务软件，通过该软件相关工作人员可以在精确完成定损、核价、核赔等工作的同时快速进行信息交互。

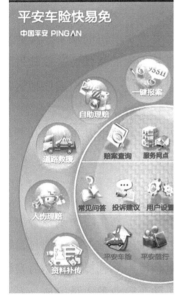

图 3 - 5　中国平安的车险理赔软件　　　　图 3 - 6　车物定损管理系统
　　　　　　　（手机版）

以上四款汽车业务软件是很多汽车企业必备的，除此之外，还有一些常见的汽车业务软件，如汽车美容软件、汽车维修软件等，本书就不再做介绍。这些汽车业务软件最早都是以计算机软件的形式出现的，借由互联网的发展加强了信息交互功能，进入 21 世纪后除了软件这种形式，又发展出了多种形式，如网页和手机 App。现在，汽车基本业务软件已经迎来了其发展的黄金时代。

2. 常见汽车业务软件与汽车 EPC 软件的融合发展

汽车 EPC 软件最早是一款比较纯粹的汽配软件，后来的汽车 EPC 软件，如宝马和大众的汽车 EPC 软件又融合了配件订单业务和配件存储管理功能，使其功能多元化，再加上汽车的各项业务基本都离不开汽车配件信息查询功能，因而很多现在的汽车业务软件在开发时便将汽车配件信息查询功能作为其中一重要功能项进行开发，所以现在的汽车业务软件都可以认为是一种集成了汽车 EPC 功能的汽车业务软件。图 3 - 1 ~ 图 3 - 6 所示的汽车业务软件只要是面向工作人员使用的基本都是如此。

由于现在这些集成了汽车 EPC 功能的汽车业务软件主要应用于车险理赔、汽车定损和汽车配件销售中，尤其是车险理赔和汽车定损，因而本书将以集成了汽车 EPC 功能且主要应用于车险理赔和汽车定损的汽车基本业务软件进行介绍。

3.2　车险理赔定损辅助系统及基本业务操作

本节介绍的车险理赔定损辅助系统是一款以因特网信息渠道为手段协助从事车险业务的工作人员提高信息处理的工作效率，轻松地完成一些日常业务工作的软件。这款软件可以通过网络进行免费下载试用，如果要使用其完整的功能可通过相应开发公司或该地区的相应机动车保险理赔中心获取。

下面介绍一下车险业务工作者所使用的这款车险理赔定损辅助系统的基本操作和使用方法。

1. 车险理赔定损辅助系统的设计理念

车险理赔定损辅助系统的总体设计思路是从赔案管理着手，当接到车险赔案报告后可以从客户保单中快速检索，找到该出险客户的保单记录，根据客户保单中的有关信息自动创建一个新的赔案初始表单，经查勘、估损、询价、定损、审核等一系列操作，然后自动生成各种可保存、可查询、可统计分析、可打印的表单，以协助车险业务人员完成一系列业务工作，并尽可能做到对操作人员的计算机水平没有太多要求。图3-7所示为该软件的初始操作界面。

图3-7　车险理赔定损辅助系统初始操作界面

2. 车险理赔定损辅助系统主要功能菜单

车险理赔定损辅助系统主要有赔案管理、窗口切换、表单格式、系统工具和表格类型5个功能菜单，在操作时还需要使用在初始操作界面上的保单、询价、模拟、附表、本车、新建等几个功能按钮，下面先分别介绍车险理赔定损辅助系统5个功能菜单对应的功能。

1）赔案管理。赔案管理菜单的功能主要是可以新建赔案并进行统一管理，同时也便于赔案进行网上发送。赔案管理主要有新建赔案、撤销赔案、赔案检索、统计分析、网上接收和网上发送几个子菜单（图3-8）。

图3-8　赔案管理菜单

2）窗口切换。窗口切换菜单的功能主要是方便在当前操作界面下，在编辑窗口和打印窗口、赔案信息和保单信息、本车表单和三责表单、表单状态和查询状态以及列表和附表之间进行快速切换以适应于不同的工作需求。窗口切换包含编辑窗口、打印窗口、本车表单、三责表单、赔案信息、保单信息、汽配询价、整车信息、摩托信息、赔案列表和附表显示等子菜单（图 3-9）。

　　3）表单格式菜单。表单格式菜单的功能主要是针对各类汽车业务表单在模拟状态下（即打印预览状态下）进行文件格式的调整，包含新建格式、删除格式、重新调入、改后保存、另存格式、打印参数、表格线条、表项设置、数据关联、页面设置、布局调整、字体设置、色彩设置和图标设置等主要子菜单（图 3-10），其方便之处是可根据不同企业不同类型的文件格式要求设定模板和对文件整体情况进行设置和修改，以符合需要。

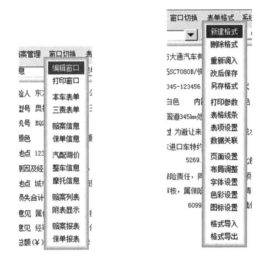

图 3-9　窗口切换菜单　　图 3-10　表单格式菜单

　　4）系统工具菜单。系统工具菜单的功能主要是对该软件的各类使用参数、使用者情况、经费使用情况和数据情况进行管理和监控。该菜单主要有系统参数设置、使用者管理、经费使用情况、启用表单管理、启用电子印章、移机转账和数据更新等主要子菜单（图 3-11），在大多数企业中主要是技术管理员和相关具有管理权限的人员进行使用。

　　5）表格类型菜单。表格类型菜单的功能主要是对不同类型的工作选择不同类型的工作业务表单进行创建和使用。该软件提供了赔案信息、客户保单、配件报价单、估损单、定损单、项目清单、更换件清单、修理项清单、修理协议书和配件询价单 10 种类型的文件表单（图 3-12），而这些表单对于大多数汽车企业中车险理赔定损这个部分来说都是非常重要的业务文件，相关工作人员每天都会反复使用。

图 3-11　系统工具菜单　　　图 3-12　表格类型菜单

6）其他菜单。该软件还有使用说明和版本资料更新两个一级菜单，其功能分别是为初学者提供使用该软件进行各项业务处理的详细说明和方便使用者随时选择合适的资料更新站点更新所需资料和信息。

3. 使用车险理赔定损辅助系统进行赔案表单制作

当被保险人出险后，肯定会第一时间通知相关汽车企业的保险部或保险公司，那么在相关工作人员处理车险定损和理赔这个过程时，建立赔案信息业务表单是核心工作之一。当使用本软件完成该工作时，可以在接到车险赔案报告后通过以下两种方法新建赔案：

1）可以从客户保单信息库中找到该出险客户的保单记录，根据客户保单中的有关信息自动创建一个新的赔案初始表单，经查勘、估损、询价、定损、审核等一系列操作，自动生成各种可保存、可查询、可统计分析、可打印的表单。协助车险业务人员完成一系列业务工作。

2）假如还没有建立客户保单信息库，则可单击主界面左上角的"赔案管理"菜单，然后单击其下拉菜单中的"新建赔案"来创建新的赔案信息表单（图 3-13），建表后再输入客户保单信息及其车型等数据。然后再进行后续的一系列操作。建立客户保单信息库的工作可以在平时有空时逐步输入、逐步完善，这样便于业务统计分析与管理。

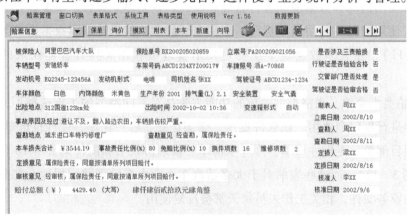

图 3-13　赔案信息表单

以上两种方法都比较好。新建的赔案需要通过以下 5 类功能按钮来完成相应业务工作，具体情况如下：

1）"保单" — "赔案" 按钮是客户保单信息与赔案管理两个窗口的互相切换。

2）"询价" — "表单" 按钮是汽配信息查询与赔案表单管理两个窗口的互相切换。

3）"模拟" — "编单" 按钮是表单模拟打印窗口与编辑修改窗口的互相切换。

4）"检索" — "附表" 按钮是客户保单或赔案列表与某个赔案的项目附表清单窗口的互相切换。

5）"本车" — "三责" 按钮是本车险表单信息与三责险表单信息两个窗口的互相切换。

以上 5 个按钮通过单击进行相互功能界面的切换，如当前按钮显示的字样是 "保单"，鼠标单击后变成 "赔案"。操作界面的切换也可以在屏幕上部的菜单 "窗口切换" 中找到，当需要进行某种作业的操作时，可以在该菜单中直接选择进入不同的操作窗口。

在 "编辑窗口" 中各个项目的安排根据屏幕空间比较紧凑，而在 "打印窗口" 中各个项目的安排是按照表格的实际式样、位置、大小、字体来模拟打印格式显示的，其幅面比较大，只能显示表格的一部分，要观察表格的上下各部分可以通过单击屏幕右边的栅格条的相应位置来定位。车险通常包括 "本车险" 与 "三责险"（全称为第三者责任保险）两部分，同一个赔案其赔损项目都放在同一个数据表中，但可以分别显示和分表打印清单，这就需要操作者选择是 "本车险" 还是 "三责险"，而该软件使用时应当充分利用下表的分时段检索功能或通过单击栏目表头的方法进行快捷而有效的切换来找到所需的赔案或保单信息。

下面根据一个比较符合实际情况的案例来完成完整的赔案制作工作。

【案例 1】 车辆出险基本案情信息如下：

被保险人张德林驾驶其所属的安驰轿车（车牌号：浙 A － 70868；车架号：ABCD1234XYZ00G17W；发动机号：EQ2345 － 123456A；生产日期：2010 年 1 月 1 日；驾驶证号：ABCD1234 － 1234567；联系电话：6543 － 12345678）于 2017 年 4 月 20 日下午 1 点 40 分在北新大道距海宁皮革城 2km 处出险，原因是紧急转弯与另一辆轿车相撞。且根据相关交通管理部门（以下简称交管部门）现场初步检查，发现本车受损不算严重，第三者车受损较为严重。现已经转移至丰义汽车维修厂进行检查。

被保险人本车基本情况：车体为白色，内饰为红色，排气量为 1.6L，安全装置为安全气囊，电喷式发动机，自动变速器。

事故第三者为何凯，所驾驶轿车为奔驰 220（车牌号：浙 A － 55768；车架号：

LE4HG5EB9BL022726；发动机号：EQ0241 – 896745A；生产日期：2013 年 4 月 4 日；驾驶证号：DHFG1000 – 7415389；联系电话：13344558766），其保单号为 BX200205020859，立案号为 PA201509021056。

第三者车基本情况：车体为黑色，内饰为白色，排气量为 2.6L，安全装置为安全气囊，电喷式发动机，自动变速器。

保险公司的车辆检验勘查结果（查勘人：邹 XX；定损人：梁 XX；核准人：李 XX）：

根据其所投保单（保单号：BX201408271245）细则：中国人民保险公司已立案，车险立案号：20140115230356。车主张德林在中国人民保险公司投保的金额分别为：本车险金额：500 000.00 元，三责险金额：350 000.00 元，附加保险金额 250 000.00 元，投保有效期为 2017 年 1 月 8 日至 2018 年 1 月 8 日，车主合法持有驾驶证与行驶证。经中国人民保险公司成都市城东特约修理厂进行查勘，情况如下：现场勘定，判定此次事故主要属车主责任。故本车损失，保险公司的事故责任比例为 50%，免赔比例为 30%；三责损失，保险公司所负责任比例为 90%，免赔比例为 10%。

车辆经定损检验，发现需维修和更换的汽车配件情况分类如下：

本车：

第一类：修理项目

车身部分：

仪表板：　　　　　　　1 台，　　　2 工时　　　工价：45 元/小时

车门下饰板（前）L：　1 个，　　　3 工时　　　工价：30 元/小时

车门下饰板（后）R：　1 个，　　　2 工时　　　工价：55 元/小时

翼子板 R：　　　　　　1 块，　　　4 工时　　　工价：38 元/小时

遮阳板 L：　　　　　　1 块，　　　2 工时　　　工价：36 元/小时

第二类：配件更换项目

车身部分：

车顶拉手：　　　　　　1 个　　　　残值：19 元

车门（前）L：　　　　1 副　　　　残值：214 元

保险杠防撞架：　　　　2 个　　　　残值：111 元

底盘部分：

变速器后盖：　　　　　1 个　　　　残值：45 元

制动分泵（后）L：　　2 个　　　　残值：20 元

方向机：　　　　　　　1 台　　　　残值：30 元

电气部分：

发电机：　　　　　　　　　1台　　　　　　　　残值：126元

车门玻璃升降器（后）L：　1台　　　　　　　　残值：5.5元

翼子板边灯（前）：　　　　1个　　　　　　　　残值：6元

防雾灯：　　　　　　　　　1个　　　　　　　　残值：5元

第三者车：

车身部分：

保险杠骨架（前）：　　　　1个　　　　　　　　残值：150元

风窗玻璃（前）：　　　　　1套　　　　　　　　残值：6.6元

后视镜壳L：　　　　　　　2个　　　　　　　　残值：21.4元

仪表板：　　　　　　　　　1台　　　　　　　　残值：47元

发动机部分：

散热器：　　　　　　　　　1台　　　　　　　　残值：35元

油箱盖：　　　　　　　　　1个　　　　　　　　残值：15元

底盘部分：

打气泵总成：　　　　　　　1套　　　　　　　　残值：321元

轮铁罩：　　　　　　　　　2个　　　　　　　　残值：30.3元

根据上列信息制作完整的本车赔案（赔案编号：PA201503020036）和三责赔案（赔案编号：PA201503020146）的具体流程如下：

1）若系统中没有被保险人完整的保单信息文件，则需要先制作客户保单。步骤如下：

① 先通过文件切换菜单切换到保单界面（图3-14）。

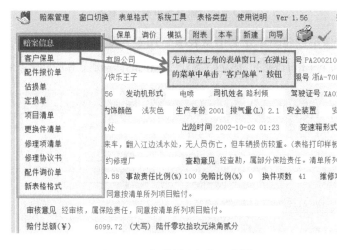

图3-14　保单界面切换示意图

②单击"新建"按钮，创建新的保单信息表单（图 3 - 15）。

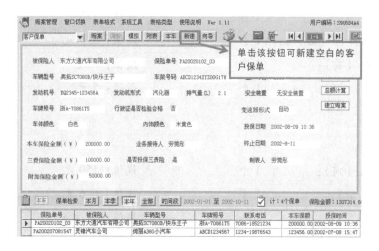

图 3 - 15　保单示意图

③ 根据已知的案情信息和客户信息将内容填写完整（图 3 - 16），然后单击"保存"按钮。

图 3 - 16　保单表单制作示意图

2）为新建的保单创建基本赔案信息表单。具体步骤如下：

① 在保单界面下单击右侧的"建立赔案"，为当前的保单建立相应的赔案表单（图 3 - 17）。

图 3 - 17　保单表单制作示意图

② 将新建的赔案除了"三责损失合计""换件项数""维修项数""赔付总额"4 项外其他信息填写完整（图 3 - 18）。

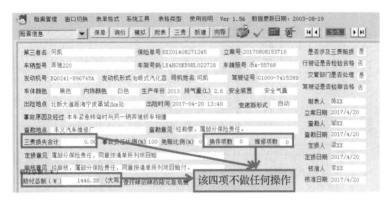

图 3 - 18　赔案基本信息制作示意图

③ 通过"询价"菜单将定损结果需要更换和维修的汽车配件项目制作成配件清单并统计出赔额、本车损失合计等信息（图 3 - 19）。

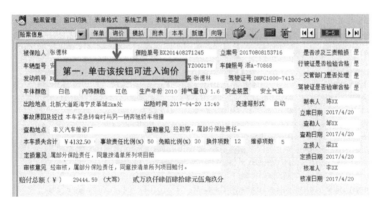

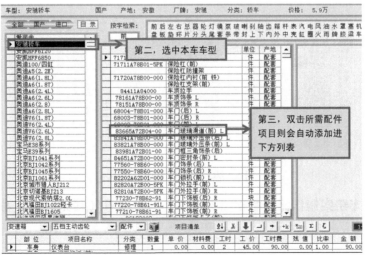

图 3 - 19　本车询价流程示意图

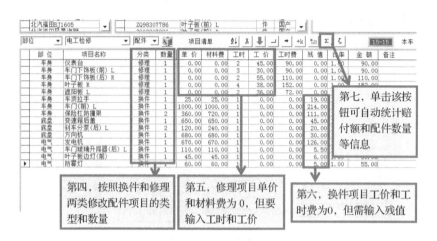

图 3-19 本车询价流程示意图（续）

需要注意的是：工时费和金额不需要填写，系统会自动统计。本车赔案完整表单如图
3-20所示。

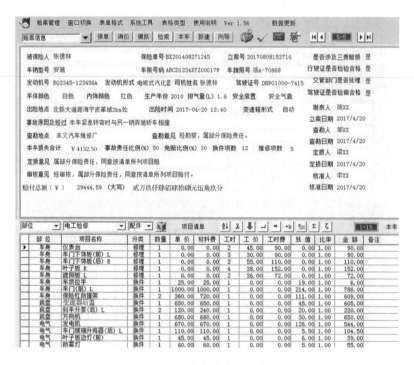

图 3-20 本车赔案信息表单

④ 参照本车赔案制作流程制作三责赔案和配件清单（其完整业务表单如图 3-21
所示）。

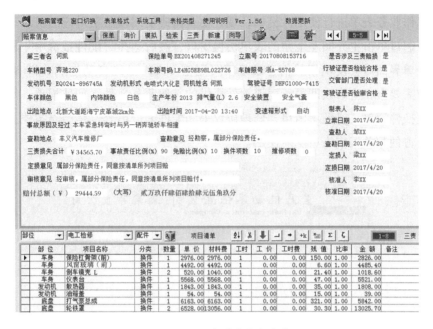

图 3 - 21　三责赔案信息表单

3）格式调整。赔案表单制作完成后，打印时默认页面为 A4 纸，主表为一页，附表根据所选配件数可以有一页或多页，每页行数可自行设定，能自动分页。当采用其他大小规格的纸张打印时将自动按幅面放大或缩小。纸张上下左右边缘留空多少可以自行设置。各种表单的格式每个公司各不相同，差别较大，不可能统一起来，只能由各公司自己来定，几种常见的表单格式已经做成模板供大家参考，可在模拟状态下进行操作（图 3 - 22），同时具体的细节可以自己改。该软件具有表单自动生成和修改功能，可以自行制作出各种你所喜欢的表格格式，具体操作方法可自行参考"表单格式"这部分的操作说明。

图 3 - 22　赔案模拟界面（打印预览界面）

4. 使用车险理赔定损辅助系统进行其他业务文件制作

当利用车险理赔定损辅助系统完成了赔案的创建工作后，可根据其他工作要求选择不同类型的工作业务表单进行使用。例如，现在要查阅或使用该赔案对应的机动车辆配件报价单，则可通过单击主界面左上角的表单切换窗口，然后选择"配件报价单"即可，切换到配件报价单界面后会发现相关信息已经填写完整，文件已经自动生成（图3-23），只需要按当前需要做相应修改即可，而该软件提供的其他业务文件，如估损单、定损单、项目清单、更换件清单、修理项清单、修理协议书和配件询价单等也是当赔案建立好就已经自动生成，方便相关工作人员随时使用。

图3-23　配件报价单界面

综上所述，该车险理赔定损辅助系统的主要功能是协助车险业务人员快速建立赔案表单，然后完成相应业务文件的制作并进行使用，同时也可根据工作需要帮助车险业务人员、汽车配件工作人员等随时查询配件信息。而其中赔案的创建是一个核心工作，赔案的最终完成需要使用配件查询功能，也就是汽车EPC软件的核心功能，因此也间接体现了汽车EPC软件其功能的重要性，同时也体现出汽车的计算机办公以及网络化经营已经越来越重要。此外，很多汽车公司在2015年后使用的车险理赔定损系统已经越来越集成化和数据化，借助网页和云平台开发的系统其形式更加简单，操作更加方便，因此也预示着汽车信息化和数据化是未来汽车领域的主要发展方向，对于未来的汽车工作人员，汽车软件和汽车网络的使用是非常重要的技能之一。

3.3　车物定损管理系统及其业务操作

随着经济的快速发展，汽车成为生活中越来越重要的组成部分，随着新车型的不断推出和车辆保有量的增加，车辆定损的业务量和复杂度也在逐渐增大。现在的车辆定损业务中，车辆配件采价烦琐、采价口径不统一、报告格式不一致等诸多因素，逐渐成为制约定损工作前进的阻碍。

为有效地推进车损工作的规范化、现代化建设，适应新形势下车辆定损工作的需要，规范操作，强化管理，提高工作的效率、质量和自动化水平，为提供更先进、更科学的管理方式和管理制度奠定基础，经过长时间的市场调研和对定损工作流程及业务的分析，依据相关定损工作的文件规定，很多汽车报价中心与省价格认证中心合作开发了车物定损管理系统等软件，并辅以"车辆定损网站"对软件的相关问题和车损业务相关的法律法规等信息进行及时公布和更新。

3.3.1　车物定损管理系统的特点和功能

本节介绍的车物定损管理系统（图 3 - 24）是网上使用率较高且较为简单便捷的一款，由山东省价格认证中心监制开发，在网上直接搜索"车物定损管理系统"可免费下载试用版使用，若需使用其所有功能请按版权要求进行购买。

1. 车物定损管理系统的特点

汽车业务中的车物定损管理系统其功能大致相同，以本节介绍的车物定损管理系统为例，下面具体了解一下该车物定损管理系统与工作相结合后的特点。

图 3 - 24　车物定损管理系统的主界面

1）符合定损工作的实际需要。该系统的开发基于长时间的市场调研和分析，细致入微地贴近了车辆定损工作的各项业务流程，符合统一管理、规范操作的要求，是车辆定损业务智能化处理的得力工具。

2）可快速制作全套定损相关报告。简便的操作可解除工作人员输入文字多的烦恼，只需填写少量基本信息即可生成各种定损相关报告。

3）配件价格定期更新。为保证车损数据的正确性和鉴证工作的公正性，软件开发公司特委托了各个 4S 店和专业的汽修厂人员对车辆配件采价，定期地对车辆配件信息进行维护，经过整理和发布后，通过各车辆定损点对损软件自动进行配件库的升级。

4）使车损报告能保持较好的一致性。系统采用统一的配件价格、规范化的车损报告，保障了该省或地区业务的一致性，车辆在任何一个地方出险报告中的价格基本相同，减少了复核争议，提高了车损业务的整体形象。

5）提高配件采价效率，减少开支。采用该系统进行管理可大大减少配件采价的时间，能提高工作效率50%以上，解决了人员不足的问题，减少相应开支，提高了工作效率。

6）档案管理规范化。所有业务全部形成电子档案，实现了档案管理的规范化。

7）业务管理方便。系统提供强大的业务查询和统计功能，方便主管进行业务的管理和统计，便于工作计划的制订和安排。

8）过程质量监管有保证。该系统的开发工程采用ISO 9001管理模式，使影响产品质量的全部因素在生产全过程中始终处于受控状态，保证在设计、开发、测试、安装和服务的各个阶段均符合质量要求。

9）业务信息安全性高。为了保证业务数据的安全性，系统提供全面的数据保护措施，设置了系统用户名登录验证、数据加密保存和硬件加密锁加密的多重保护措施。杜绝没有使用权限的人员查看和操作数据。

2. 车物定损管理系统主要菜单功能介绍

车物定损管理系统（图3-24）主要包含的一级菜单及其功能介绍见表3-1。

表3-1　车物定损管理系统一级菜单功能介绍

功能模块	功能介绍
系统初始化	可使用户输入的单位信息和注册码完成初始化
登录	用户可输入用户名和密码登录系统
主界面	通过单击菜单栏选项，用户可以进行各种业务操作
业务编辑	针对所有业务进行的综合管理
编辑功能	针对某一业务进行的编辑工作
配件维护	维护车型及配件信息
查询统计	查询统计本地业务信息
参数设置	设置系统基本信息
系统升级	版本升级和数据库升级
用户管理	管理用户、人员信息等内容
帮助	提供升级信息、帮助文档和软件开发情况简介

3.3.2　车物定损管理系统主要菜单介绍

车物定损管理系统的主要菜单包括系统初始化菜单、登录菜单、主界面菜单、业务编辑菜单、编辑功能菜单、配件维护菜单、查询统计菜单、参数设置菜单、系统升级菜单、用户管理菜单和帮助菜单。其中，系统初始化菜单和登录菜单的管理及设定由专业技术人员负责，这里不再进行介绍，只介绍其他几个主要的功能菜单。

1. 主界面菜单

用户成功登录后，系统进入主界面（图3－25a），主界面菜单的结构示意图如图3－25b所示。

在处理相关车辆勘查和定损工作时根据需要单击相应的菜单标题进行相应的操作来完成工作。

a)

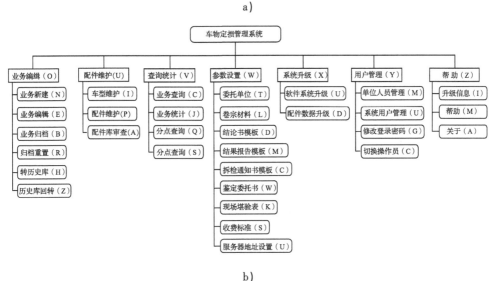

b)

图 3－25　车物定损管理系统主界面及菜单结构示意图

2. 业务编辑菜单

业务编辑菜单主要包含六大功能：业务新建、业务编辑、业务归档、归档重置、转历史库和历史库回转，其中业务新建和业务编辑为两大主要功能。下面分别介绍六大功能。

（1）业务新建　在主界面中，用户可以单击"业务编辑"→"业务新建"项，进行业务新建操作，显示界面为业务基本信息，需要用户输入或选择。录入基本业务信息成功后，可对该业务的其他项目进行管理，具体操作参见下文"编辑功能菜单"的说明。

（2）业务编辑　在主界面中，用户可以单击"业务编辑"→"业务编辑"项进行业务编辑操作，如图3－26所示。

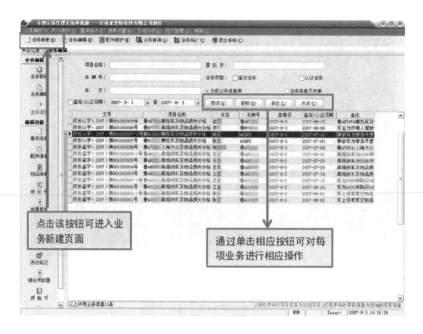

图3－26　业务编辑界面

在该界面中，用户可以实现对业务信息的查询、删除、导出等操作（图3－26）。用户可以通过选中表格中查询出的一条业务信息，再单击左侧功能栏中相应的功能按钮，对该业务信息进行相关的修改工作，具体操作方式如下：

1）查询。用户可以通过输入或选择查询条件，单击"查询"按钮，进行查询，查询结果将显示在表格中。查询条件为组合式，其中"项目名称""委托方""车牌号""车主"是模糊查询，并可配合"业务类型（鉴定业务、认证业务）"进行查询。当选中"鉴证/认证日期"复选框，并设置相关日期后，可对业务所处的鉴定/认证日期时间段进行过滤查询。"当前业务信息库""业务信息历史库"单选框可设置查询的范围。

2）删除。用户通过选中表格中的一条业务信息，单击"删除"按钮，进行业务信息删除。

3）导出。单击"导出"按钮，若系统已安装Excel软件，则表格中的内容将自动导出到 Excel 中；若尚未安装 Excel 软件，则提示"创建 Excel 文件失败，请检查是否安装 Excel！"；若在导出过程中出现异常，或进行了误操作，则提示"导出 Excel 文件中断，请勿进行其他操作！"。导出的文档，根据导出信息的宽度自动适应宽度，用户在打印之前，可自行调整表格样式。

4）关闭。单击"关闭"按钮，系统将关闭业务编辑界面，返回系统主界面。

在操作过程中需注意：表格中绿色字体的项目信息为归档的项目，红色字体的项目信息为追加的项目信息，而状态栏的第二栏中显示的是表格中所列出的业务信息数量。

（3）业务归档　在主界面中，用户可以单击"业务编辑"→"业务归档"项，进入业务归档界面（图 3 - 27），进行业务归档操作。业务归档主要是对已经完成的业务数据的保护措施，业务一旦归档，就不允许对其内容进行调整。

a）

b）

图 3 - 27　业务归档界面

业务归档主要包含查询、归档业务选择、业务归档和关闭四类操作，其具体操作方式如下：

1）查询。用户可以通过输入或选择查询条件，单击"查询"按钮，进行查询，查询结果将显示在表格中。查询条件为组合式，其中"项目名称""委托方""车号""车主"是模糊查询，只需要输入相关项目中的部分文字即可完成查询，并可配合"业务类型（鉴定业务、认证业务)"和"鉴定/认证日期"进行查询。

2) 归档业务选择。对于要归档的业务,首先进行选择,可以通过单击业务左侧的复选框,对业务进行选择;可以通过单击"全选"按钮,进行全部选择;可以通过单击"反选"按钮,进行反向选择;可以通过单击"取消选择"按钮,取消所有选择。

3) 业务归档。单击"业务归档"按钮,系统会把用户选择的未归档业务进行归档操作,操作成功后,相应的业务就从表格中消失,列入已归档业务信息中,用户不可以再对该业务进行编辑操作,只能查看内容(如需进行内容的编辑,可通过归档重置进行归档的逆操作)。

4) 关闭。单击"关闭"按钮,系统将关闭业务归档界面。

(4) 归档重置 在主界面中,用户可以单击"业务编辑"→"归档重置"项,进入归档重置界面,进行业务重置操作,如图 3-28 所示。

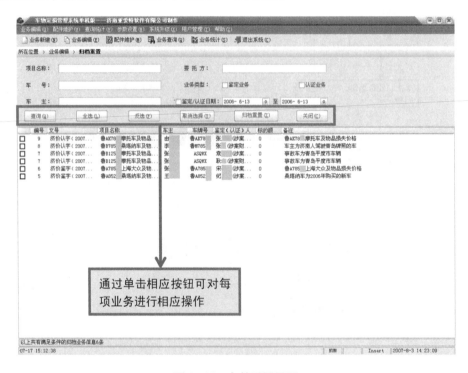

图 3-28 归档重置界面

归档重置主要包含查询、归档业务选择、业务归档和关闭四类操作,其具体操作方式与业务归档的四类操作方式完全一致。

(5) 转历史库 在主界面中,用户可以单击"业务编辑"→"转历史库"项,进入转历史库界面,进行转历史库操作,如图 3-29 所示。

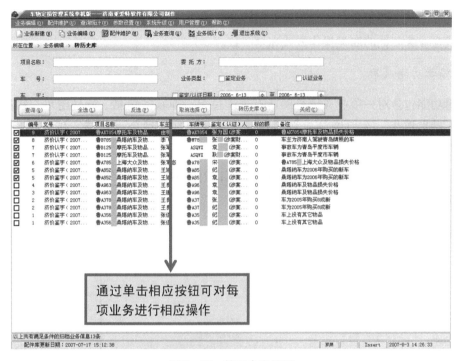

图 3 - 29　转历史库界面

转历史库主要包含查询、转历史库业务选择、业务归档和关闭四类操作，其具体操作方式与业务归档的四类操作方式完全一致。

（6）历史库回转　在主界面中，用户可以单击"业务编辑"→"历史库回转"项，进入历史库回转界面，进行历史库回转操作，如图 3 - 30 所示。

图 3 - 30　历史库回转界面

历史库回转主要包含查询、历史库回转业务选择、业务归档和关闭四类操作，其具体操作方式与业务归档的四类操作方式完全一致。

3. 编辑功能菜单

编辑功能包含对一项业务信息的所有处理过程，即基本信息、配件清单、物品清单、结论书、结果报告、车损图片、卷内目录、送达回证、结论书封面、拆检书以及打印报告。

（1）基本信息　在新建或编辑业务时，可以对基本信息进行维护，基本信息界面如图3-31所示。

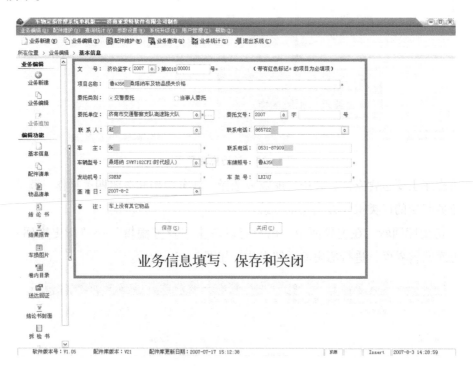

图 3-31　基本信息界面

在该界面中，用户需要录入业务的基本信息，包括文号、项目名称、委托方相关信息以及事故车辆的车主、联系电话、车辆型号、车牌照号、发动机号、车架号、基准日等信息。

其中，文号、项目名称、委托方相关信息、车主、车辆型号和车牌照号等带红色"＊"标记的信息为必填项，文号由系统自动生成，用户可以更改。基本信息的具体操作在之后的案例中会详细介绍。

（2）配件清单　在新建或编辑业务时，可以对配件清单信息进行维护，配件清单界面如图3-32所示。

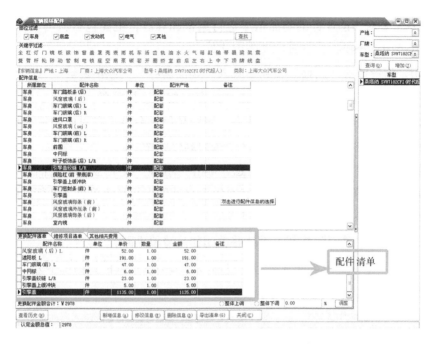

图 3 - 32　配件清单界面

该界面提供了强大的配件信息查询功能，用户可以通过"部位过滤"和"关键字过滤"查找需要的信息。窗体中部的红色字体部分表示当前选中的车辆信息，上方的列表显示软件提供的该车配件信息。该界面的具体操作和功能将在之后的案例中详细介绍。

（3）物品清单　在新建或编辑业务时，可以对物品清单信息进行维护，物品清单界面如图 3 - 33 所示。

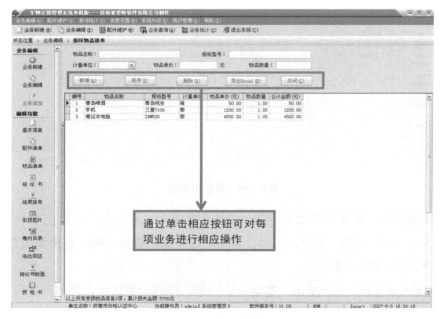

图 3 - 33　物品清单界面

物品清单主要对当前业务的物品清单进行编辑和修改，主要包括新增、修改、删除、导出 Excel 和关闭五个操作，其具体操作方式如下：

1）新增。用户单击"新增"按钮，录入"物品名称""规格型号""计量单位""物品单价"及"物品数量"等信息，再单击"保存"按钮进行保存。

2）修改。单击表格中某一物品的信息，该物品信息会显示在对应的输入框中，用户可以对相关信息进行修改，再单击"保存"按钮进行保存。

3）删除。选中表格中某一物品的信息，单击"删除"按钮进行删除操作。

4）导出 Excel。单击"导出 Excel"，系统会自动导出物品清单表并进行排版。可通过打印功能直接进行打印。

5）关闭。单击"关闭"按钮，系统将关闭物品清单界面。

（4）结论书　在新建或编辑业务时，可以对结论书进行维护，结论书界面如图 3 - 34 所示。

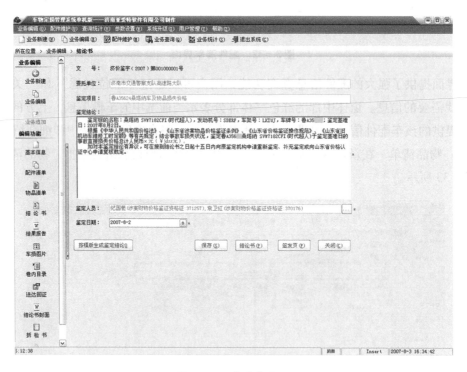

图 3 - 34　结论书界面

该界面列出了该业务的结论书内容，主要包括文号、委托单位、鉴定项目、鉴定结论、鉴定人员及鉴定日期。其中，文号、委托单位和鉴定项目三项信息由系统自动生成。下面分别介绍各个内容的操作：

1）鉴定人员选择。用户单击"鉴定人员"输入框右侧的按钮，会弹出鉴定人员选择界面，如图 3 - 35 所示。

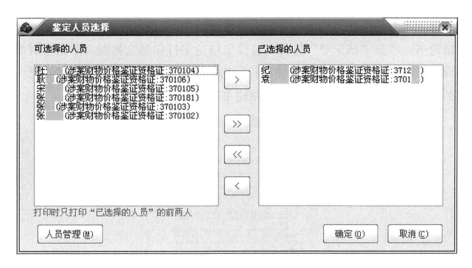

图 3 – 35　鉴定人员选择界面

该界面左侧列表框中列出了所有可选择的人员姓名和相应证件名称，右侧列表框中列出了用户已选择的人员姓名和相应证件名称。

结论书中只打印选择的鉴定人员的信息。

用户单击"人员管理"按钮，会弹出单位人员管理界面，如图 3 – 36 所示。

图 3 – 36　单位人员管理界面

在该界面中，用户可以对单位人员信息进行维护，包括"新增""保存"及"删除"等操作，具体操作请参见"用户管理"中的"单位人员管理"说明，这里不再详述。

2）按模板生成鉴定结论。用户单击"按模板生成鉴定结论"按钮，系统会自动生成鉴定结论，用户可以根据当前业务的实际情况对生成的结论进行修改。

3）保存。单击"保存"按钮，对结论书进行保存。

4）结论书。单击"结论书"按钮，会弹出结论书打印预览界面。结论书封面根据委托类型的不同分别为套打格式和直接输出打印格式。当业务委托类型为交警委托时，需要套打"XX 省涉案物品价格鉴定（认证）结论书"（图 3－37）。

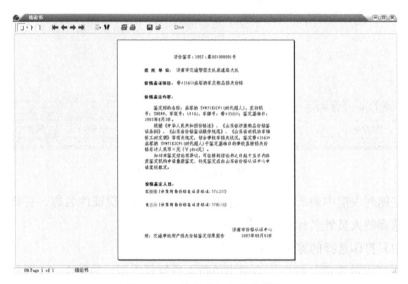

图 3－37　结论书打印预览界面

5）签发页。单击"签发页"按钮，会弹出结论书签发页打印预览界面，如图3－38所示。

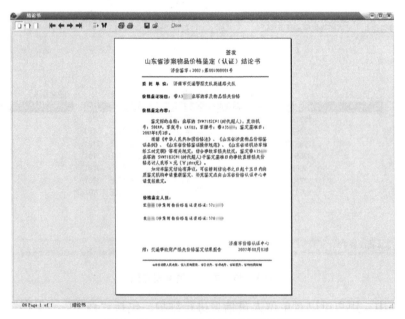

图 3－38　结论书签发页打印预览界面

6）关闭。单击"关闭"按钮，系统将关闭结论书界面。

（5）结果报告　在新建或编辑业务时，可以对结果报告进行维护，如图 3－39 所示。

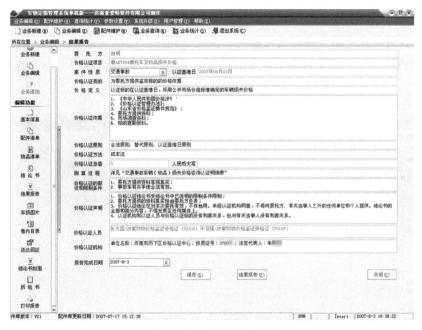

图 3 - 39　结果报告界面

软件会根据模板和当前业务信息自动生成相关结果报告的部分信息，用户可根据实际情况的需要对信息进行增删和修改操作，单击"保存"按钮进行信息保存。单击"结果报告"按钮，可打开结果报告的预览界面，进行打印。

（6）车损图片　在新建或编辑业务时，可以对车损图片进行维护，车损图片界面如图 3 - 40 所示。

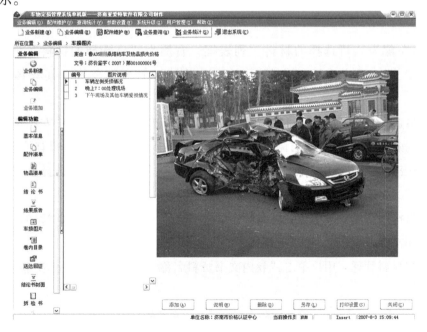

图 3 - 40　车损图片界面

　　该界面列出了该业务的相关车损图片，表格中列出了图片编号和图片说明。相关工作人员可根据自身需求对图片自行进行添加、说明、删除及打印设置等操作。

　　（7）卷内目录　在新建或编辑业务时，可以对卷内目录进行维护，卷内目录界面如图 3-41 所示。

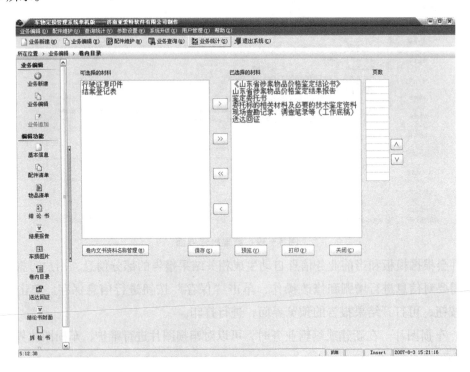

图 3-41　卷内目录界面

　　该界面左侧为"可选择的材料"列表框，右侧为"已选择的材料"列表框以及"页数"输入框，用户需要输入每一项已选择材料的页数范围。其具体操作方式如下：

　　1）材料选择。用户可以通过双击材料，对其进行选择；也可以选中左侧某一材料后，单击"＞"按钮，将其选择至右侧列表框。单击"＞＞"按钮，可将所有可选择的材料选至右侧列表框。可以选中右侧某一材料后，单击"＜"按钮，将其选择至左侧列表框。单击"＜＜"按钮，可将所有已选择的材料选至左侧列表框。

　　2）材料排序。用户选中某一材料后，单击"∧"按钮，可以把该材料的位置向上移动一格；单击"∨"按钮，可以把该材料的位置向下移动一格。

　　3）卷内材料管理。用户单击"卷内文书资料名称管理"按钮，会弹出卷内材料界面（图 3-42）。

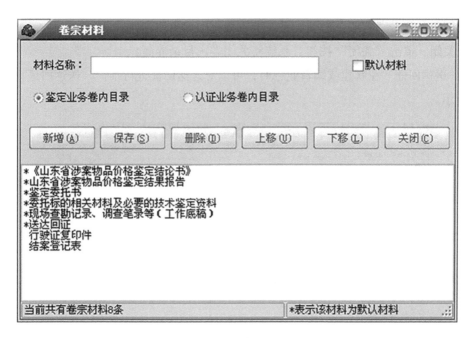

图 3 - 42　卷内材料界面

在该界面中，用户可以对卷内材料进行管理，具体操作请参见"参数设置"中的"卷内材料"说明。

4）信息保存。单击"保存"按钮，进行信息保存。

5）预览。单击"预览"按钮，会弹出卷内目录打印预览界面（图 3 - 43 所示）。

图 3 - 43　卷内目录打印预览界面

6）打印。单击"打印"按钮，系统会直接打印输出该卷内目录。

7）关闭。单击"关闭"按钮，系统将关闭卷内目录界面。

（8）送达回证　在新建或编辑业务时，可以对送达回证进行维护，送达回证界面如图
3－44 所示。

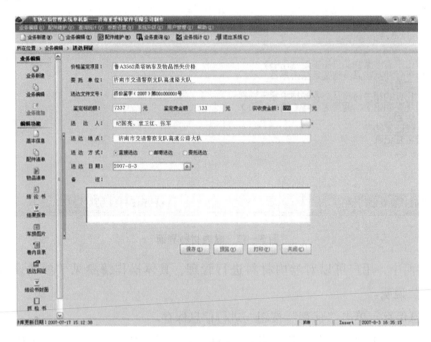

图 3－44　送达回证界面

在该界面中，用户需要设置项目的实收费金额，选择送达人、送达地点和送达方式
等，其具体操作方式如下：

1）选择送达人。用户单击"送达人"右侧的按钮，会弹
出送达人选择界面（图3－45）。

该界面列出了"可选择的人员"列表和"已选择的人员"
列表，用户可以双击某人员姓名，对该人员进行选择，也可以
通过按钮选择。单击"确定"按钮，已选择人员的名单将在送
达回证界面的"送达人"文本框中列出。

单击"人员管理"按钮，会弹出单位人员管理界面，具体
操作请参见"用户管理"中的"单位人员管理"说明。

图 3－45　送达人选择界面

2）信息保存。单击"保存"按钮，系统会对用户录入的送达回证信息进行保存。

3）预览。单击"预览"按钮，会弹出送达回证打印预览界面（图3－46）。

4）打印。单击"打印"按钮，系统会直接打印输出该送达回证。

5）关闭。单击"关闭"按钮，系统将关闭送达回证界面。

图 3 - 46　送达回证打印预览界面

（9）结论书封面　在新建或编辑业务时，可以对结论书进行维护，结论书封面界面如图 3 - 47 所示。

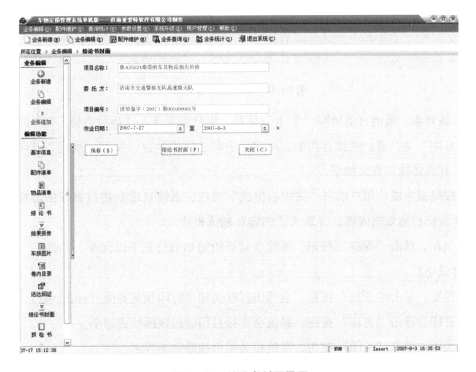

图 3 - 47　结论书封面界面

在该界面中，用户需要录入"作业日期"信息，单击"保存"按钮完成结论书封面的设置。

（10）拆检通知书 在新建或编辑业务时，可以对拆检通知书进行维护，拆检通知书界面如图3-48所示。

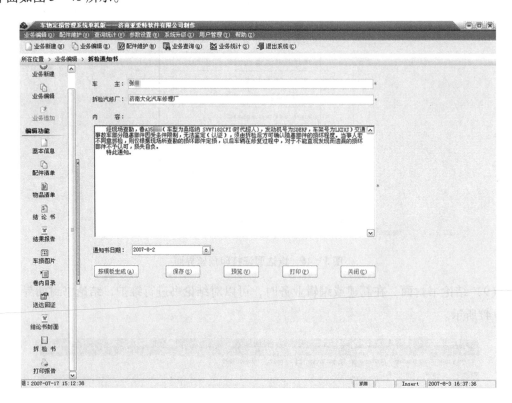

图3-48 拆检通知书界面

进入该界面，系统自动填写"车主"信息，用户需要录入"拆检汽修厂""内容"及"通知书日期"等信息。在该界面中，用户可进行按模板生成、保存、预览、打印和关闭等操作，其具体操作方式如下：

1）按模板生成。用户单击"按模板生成"按钮，系统自动套用设置好的拆检通知书模板，生成拆检通知书内容，并填入"内容"输入框中。

2）保存。单击"保存"按钮，系统会对拆检通知书信息予以保存，并提示"拆检通知书保存成功！"。

3）预览。单击"预览"按钮，会弹出拆检通知书打印预览界面（图3-49）。

4）打印。单击"打印"按钮，系统会直接打印输出该拆检通知书。

5）关闭。单击"关闭"按钮，系统将关闭拆检通知书界面。

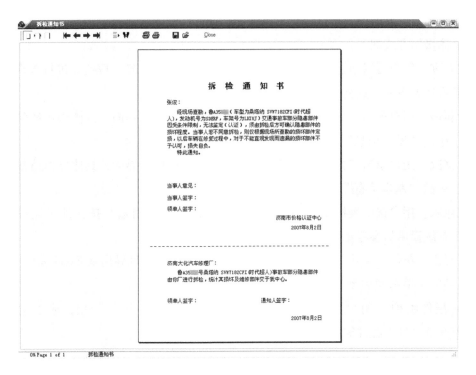

图 3 - 49　拆检通知书打印预览界面

4. 配件维护菜单

（1）车型维护　用户可以单击"配件维护"→"车型维护"项，进入车型维护界面（图 3 - 50）。

图 3 - 50　车型维护界面

通过车型维护界面用户可以进行车型维护、查询、新增、修改、删除、导出和关闭操作，其具体操作方式如下：

1）查询。用户可以通过输入或选择查询条件，单击"查询"按钮，进行查询，查询结果将显示在表格中。查询条件为组合式。

2）新增。用户单击"新增"按钮，将进入新增车型信息界面，具体操作请参见"编辑功能"中的"基本信息"中的"车辆型号选择"说明。

3）修改。用户单击"修改"按钮，将进入修改车型信息界面，具体操作请参见"编辑功能"中的"基本信息"中的"车辆型号选择"说明。

4）删除。用户选中表格中的一条车型信息后，单击"删除"按钮即可完成删除操作。对于系统提供的参考车型信息，不允许用户删除。

5）导出。单击"导出"按钮，系统会把查询出的车型信息导出到 Excel 表格中。

6）关闭。单击"关闭"按钮，系统将退出车型维护界面。

（2）配件维护　用户可以单击"配件维护"→"配件维护"项，或在主界面按 <Alt + M> 键，进入配件维护界面（图 3-51）。

图 3-51　配件维护界面

使用配件维护界面可以进行车型查询、增加车型、配件查询、新增配件、修改配件、删除配件、导出和关闭操作，其具体操作方式如下：

1）车型查询。用户可以通过输入或选择查询条件，单击"查询"按钮，进行查询，查询结果将显示在表格中。查询条件为组合式。

2）增加车型。用户单击"增加"按钮，会弹出新增车型信息界面，具体操作请参见"编辑功能"中的"基本信息"中的"车辆型号选择"说明。

3）配件查询。可以通过"部位过滤"和"关键字过滤"两种方式，对配件信息进行筛选。

4）新增配件。单击"新增"按钮，将进入新增车辆配件信息界面（图 3-52）。

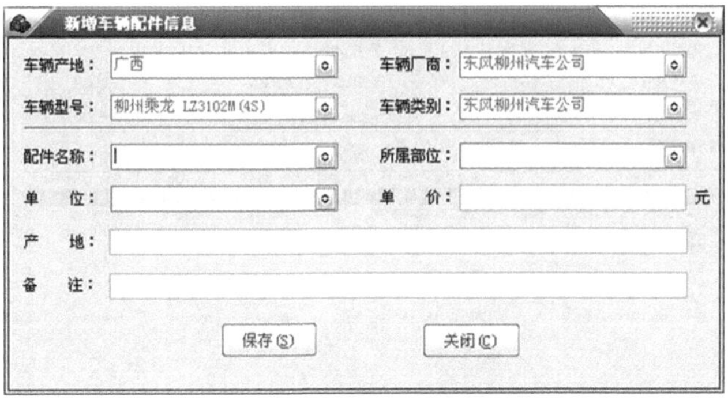

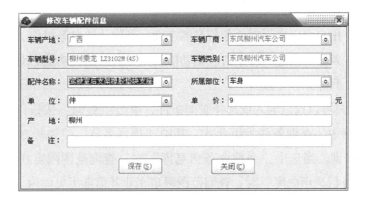

图 3-52 新增车辆配件信息界面

该界面中的"车辆产地""车辆厂商""车辆型号"和"车辆种类"信息由系统自动填写，用户不得修改。用户需要录入"配件名称""所属部位""单位""单价""产地"及"备注"等信息，填写完成后单击"保存"按钮，完成配件信息的新增操作。

5）修改配件。单击"修改"按钮，或双击选中的配件信息，将进入修改车辆配件信息界面（图 3-53）。

图 3-53 修改车辆配件信息界面

6）删除配件。选中"配件信息"表格中的某一项配件信息，单击"删除"按钮，可完成对配件信息的删除。对于系统提供的参考配件信息，不允许用户进行删除。

7）导出。单击"导出"按钮，系统会把查询出的配件信息导出到 Excel 表格中。

8）关闭。单击"关闭"按钮，系统将关闭配件维护界面。

5．查询统计菜单

（1）业务查询　在主界面中，用户可以单击"查询统计"→"业务查询"项，或通过按＜Alt＋Q＞键，进入业务查询界面（图3－54），进行业务查询操作。

图3－54　业务查询界面

在该界面中，用户可以实现对业务信息的查询、删除及导出等操作。用户可以通过选中表格中查到的一条业务信息，再单击左侧功能栏中列出的编辑功能，对该业务信息进行相关的修改工作，具体操作方法如下：

1）查询。用户可以通过输入或选择查询条件，单击"查询"按钮，进行查询，查询结果将显示在表格中。查询条件为组合式。其中"项目名称""委托方""车牌号"及"车主"是模糊查询。当选中"当前业务信息库"时，查询范围限定在当前业务信息库内；当选中"业务信息历史库"时，查询范围限定在业务信息历史库内。

2）删除。用户通过选中表格中的一条业务信息，单击"删除"按钮，进行业务信息删除。

3）导出。单击"导出"，可将查询出的业务信息导出到 Excel 表格中，供用户编辑和打印。

4）关闭。单击"关闭"按钮，系统将关闭业务查询界面。

该界面的列表中显示了用户所在定损点本地机的业务信息。状态栏的第一栏中显示

"绿色字体的项目信息为归档项目，红色字体的项目信息为追加项目信息"；第二栏中显示表格中所列出的业务信息数量。

（2）业务统计　在主界面中，用户可以单击"查询统计"→"业务统计"项，或通过按 <Alt + S> 键，进入业务统计界面（图 3 - 55），进行业务统计操作。

图 3 - 55　业务统计界面

通过该界面用户可以实现对业务的统计、导出和关闭等操作，具体操作方法如下：

1）统计。业务统计共分四种方式，分别为按年份统计、按月份统计、按鉴定（认证）人员统计和按委托方统计。具体步骤是先设置鉴定/认证日期范围，再选择对应的统计方式，然后单击"统计"按钮，即可自动统计出相关信息。

2）导出。单击"导出"按钮，可将统计的信息导出到 Excel 表格中。

3）关闭。单击"关闭"按钮，系统将关闭业务统计界面。

6. 参数设置菜单

（1）委托单位　在主界面中，用户可以单击"参数设置"→"委托单位"项，进入委托单位界面（图 3 - 56）。

图 3 - 56　委托单位界面

在该界面中，用户可以对委托单位信息进行维护，包括对"委托单位名称""联系人"及"联系电话"等信息的维护。具体操作方法如下：

1）新增。用户单击"新增"按钮，系统进入新增状态，用户在"单位名称""联系人"及"联系电话"的输入框中输入信息，单击"保存"按钮，完成新增工作。

2）修改。用户单击表格中的一条信息，则该信息中的相应信息条目填入对应的输入框中，用户可以对需要修改的信息进行调整，单击"保存"按钮，完成修改工作。

3）删除。用户单击表格中的一条信息，单击"删除"按钮，即可完成对所选委托单位信息的删除。

4）关闭。单击"关闭"按钮，系统将关闭委托单位界面。

（2）卷内材料　在主界面中，用户可以单击"参数设置"→"卷内材料"项，进入卷内材料界面（图3-57）。

图3-57　卷内材料界面

在该界面中，用户可以对卷内材料进行各种维护操作，而界面下方列表中显示的是其已有的卷内材料名称，下方状态栏中给出了当前卷内材料的统计数目。对卷内材料进行各种维护的具体操作方法如下：

1）新增。用户单击"新增"按钮，系统进入新增状态，用户在"材料名称"输入框中输入信息，单击"保存"按钮，完成新增工作。

2）修改。用户单击列表中的一条卷内材料，则该卷内材料的名称将填入输入框中，用户可以对卷内材料名称进行修改，单击"保存"按钮，完成修改工作。

3）删除。用户单击列表中的一条卷内材料，单击"删除"按钮，系统会提示是否删除，用户单击"是"则删除，单击"否"则返回。

4）排列。用户单击列表中的一条卷内材料，若单击"上移"按钮，则选中的卷内材料在列表中的排列位置会向上移动一格；若单击"下移"按钮，则选中的卷内材料在列表中的排列位置会向下移动一格。通过排列功能可调整卷内材料出现的位置。

5）关闭。单击"关闭"按钮，系统将关闭卷内材料界面。

（3）结论书模板　在主界面中，用户可以单击"参数设置"→"结论书模板"项，进入结论书模板界面（图 3－58）。

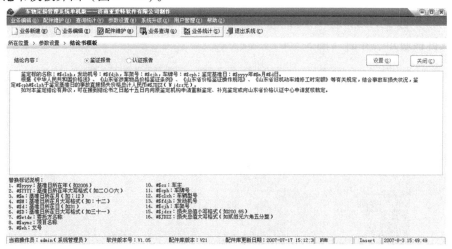

图 3－58　结论书模板界面

进入该界面，选择对应的业务类型，用户在"结论内容"输入框中输入结论书内容，并在对应位置写上替换标记（界面下方显示了"替换标记说明"），单击"设置"按钮完成保存。

（4）结果报告模板　在主界面中，用户可以单击"参数设置"→"结果报告模板"项，进入结果报告模板界面（图 3－59）。

图 3－59　结果报告模板界面

通过该界面用户可先选择业务类型，并在输入结果报告项目默认内容后，单击"保存"按钮完成设置即可建立自己所需的结果报告。

（5）拆检通知书模板 在主界面中，用户可以单击"参数设置"→"拆检通知书"项，进入拆检通知书界面（图3-60）。

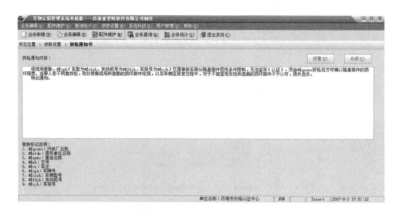

图3-60 拆检通知书模板界面

进入该界面，用户在"拆检通知内容"输入框中输入拆检通知书内容，并在对应位置写上替换标记（界面下方显示了"替换标记说明"），单击"设置"按钮，完成设置。

（6）鉴定委托书 在主界面中，用户可以单击"参数设置"→"鉴定委托书"项，进入鉴定委托书界面（图3-61）。

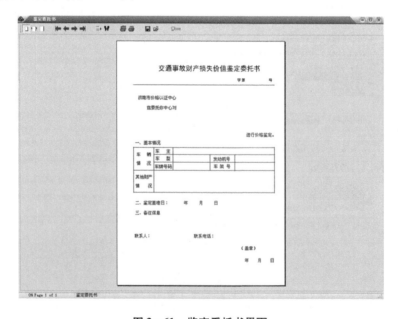

图3-61 鉴定委托书界面

系统提供委托书的打印功能，可批量印刷后送至委托单位，委托单位在有相关业务委托时，直接填写相关委托项即可。

（7）现场查勘表　在主界面中，用户可以单击"参数设置"→"现场查勘表"项，进入现场查勘表界面（图 3 - 62）。

图 3 - 62　现场查勘表界面

系统提供现场查勘表样表，用户可批量印刷后供现场查勘人员查勘记录。

（8）收费标准　在主界面中，用户可以单击"参数设置"→"收费标准"项，进入收费标准界面（图 3 - 63）。

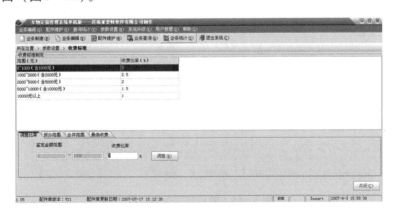

图 3 - 63　收费标准界面

在该界面中，用户可以对"收费范围"及其对应的"收费比率"进行设置。其具体操作方法如下：

1）调整比率。用户单击"调整比率"进入收费比率调整页面，单击表格中的某一行，则该行的信息显示在该页面的对应输入框中，用户只可以更改收费比率，单击"调整"按钮，完成收费比率调整工作。

2）拆分范围。用户单击"拆分范围"，进入收费范围拆分界面（图3-64）。

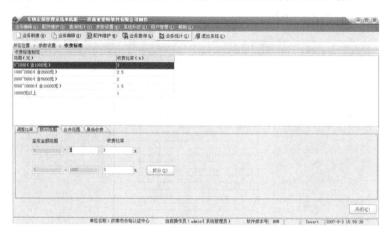

图3-64　收费范围拆分界面

用户单击表格中的某一行，则该行的收费范围起止点，分别显示在页面第一行的开始和页面第二行的终止。用户只需要输入拆分范围的中间值，以及新范围的收费比率，单击"拆分"按钮，即可完成拆分工作。

3）合并范围。用户单击"合并范围"，进入收费范围合并界面（图3-65）。

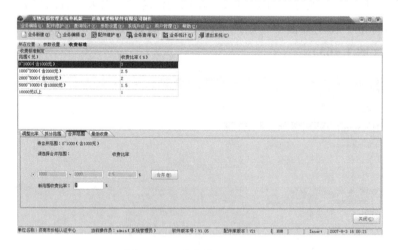

图3-65　收费范围合并界面

用户单击表格中的某一行，则该行上下的收费范围，分别显示在页面的第一行和第二行。用户需要选择待合并的范围，并设定合并后新范围的收费比率，单击"合并"按钮，完成合并工作。

4）最低收费。用户单击"最低收费"，进入最低收费设定界面（图3-66）。

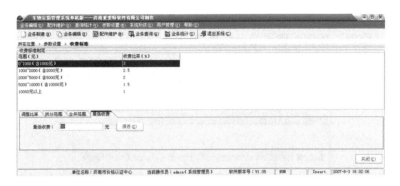

图 3 - 66　最低收费设定界面

用户在"最低收费"输入框中输入最低收费值，单击"保存"按钮，完成最低收费的设定。

（9）服务器地址设置　在主界面中，用户可以单击"参数设置"→"服务器设置"项，进入服务器设置界面（图 3 - 67）。

图 3 - 67　服务器设置界面

输入升级数据服务器和文件服务器的地址后，单击"保存"按钮，即可完成对服务器地址的设置。

服务器地址设置主要是针对服务器地址变更后，用户可通过调整地址进行配件库和软件系统的升级。

7. 系统升级菜单

（1）软件系统升级　用户单击"系统升级"→"软件系统升级"项，程序会调用独立升级程序"车物定损管理系统升级程序"（图 3 - 68）。

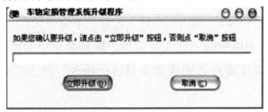

图 3 - 68　车物定损管理系统升级程序界面

单击"立即升级"按钮，则系统开始升级。如果系统版本是最新的，则系统会提示不必升级。单击"取消"按钮，则取消升级操作。

（2）配件数据升级　用户单击"系统升级"→"配件数据升级"项，会弹出价格库升级界面（图3-69）。

图3-69　价格库升级界面

单击"立即升级"按钮，则系统开始升级。单击"取消升级"按钮，则取消升级操作。

8. 用户管理菜单

（1）单位人员管理　用户单击"用户管理"→"单位人员管理"项，进入单位人员管理界面（图3-70）。

图3-70　单位人员管理界面

通过单位人员管理界面用户可以进行新增、修改、删除和关闭操作，具体操作方法如下：

1）新增。用户单击"新增"按钮，系统进入新增状态，用户在"人员姓名""联系电话""证件名称"及"证件号码"输入框中输入信息，单击"保存"按钮，完成新增工作。

2）修改。用户单击表格中的一条人员信息，则该信息中的相应信息条目会填入对应的输入框中，用户可以对需要修改的信息条目进行修改，单击"保存"按钮，完成修改工作。

3）删除。用户单击表格中的一条人员信息，单击"删除"按钮即可完成对单位人员信息的删除。

4）关闭。单击"关闭"按钮，系统将关闭单位人员管理界面。

（2）系统用户管理　用户单击"用户管理"→"系统用户管理"项，进入系统用户管理界面（图3-71）。

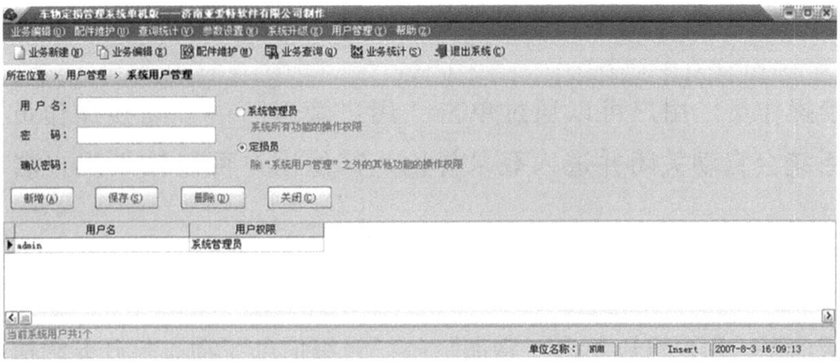

图3-71　系统用户管理界面

在该界面中，管理员可以对系统用户进行管理。下方表格列出了所有系统用户的信息，状态栏中统计出了所有系统用户的数目。对系统用户进行管理可进行以下操作：

1）新增。用户单击"新增"按钮，系统进入新增状态，用户在"用户名""密码"及"确认密码"输入框中输入信息，单击"保存"按钮，完成新增工作。

2）修改。用户单击表格中的一条用户信息，则该信息中的相应信息条目会填入对应的输入框中，用户可以对需要修改的信息条目进行修改，单击"保存"按钮，完成修改工作。

3）删除。用户单击表格中的一条用户信息，单击"删除"按钮即可完成对系统用户的删除。具有用户管理权限的用户不能删除本身的登录账号。

4）关闭。单击"关闭"按钮，系统将关闭系统用户管理界面。

（3）修改登录密码　用户可以通过单击"用户管理"→"修改登录密码"项，进行密码修改，系统会进入修改密码界面（图3-72）。

图3-72　修改密码界面

在该界面中，"用户名"和"新用户名"由系统自动根据当前用户名填入。用户需要录入"原密码""新密码"和"确认密码"三项信息。如果用户想修改用户名，可以在"新用户名"输入框中输入。"新密码"和"确认新密码"必须相同。用户单击"保存"按钮，系统会提示"修改成功!"。单击"关闭"按钮，会关闭修改密码界面。

（4）切换操作员　用户可以通过单击"用户管理"→"切换操作员"项，进行切换操作，系统会自动关闭并进入登录界面，其他用户可以输入用户名和密码登录系统。

9. 帮助菜单

（1）升级信息　用户可以单击"帮助"→"升级信息"项，打开升级信息 . htm 文档并进行系统信息升级，如图 3 - 73 所示。

（2）帮助　用户可以单击"帮助"→"帮助"项，打开系统帮助。

（3）关于　用户可以单击"帮助"→"关于"项，进入"关于"软件界面（图 3 - 74）。

图 3 - 73　系统升级信息界面

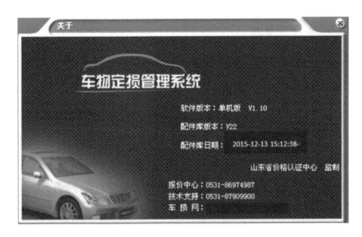

图 3-74　"关于"软件界面

该界面显示版本信息和联系方式，用户在使用过程中如遇到任何问题，可以通过相应联系方式，联系相应机构或技术支持部门。

以上是该车务定损管理系统软件各个主要功能菜单的作用及其操作方法，使用者通过边参考帮助菜单中的使用说明边学习以上方法，可在短时间内学会该软件的使用并与工作业务相结合。

3.3.3　结合工作案情完成车物定损业务文件的制作

在实际的汽车定损相关工作中，要结合工作环节和该软件来完成相应车物定损业务文件制作的工作，进而完成后续工作也是非常重要的汽车专业技能之一。下面通过一个与实际工作环境比较接近的案例来进行详细说明。

【案例 2】现有以下情况记录文件和相关鉴定信息：

1. 事故车情况记录

事故车情况记录

车主：张翰（投保人），联系电话：13488823T2，
驾驶证号：NGSF4900//0098T，车牌号：鲁 A-SR081，
车架号：LZACGTT//18000333，发动机为汽油发动机，
发动机号：ZQ1034T4，自动变速箱；车体颜色为红色，
内饰为灰色，排量为1.8L，有安全气囊装置。

事故车于2013年1月5日在济南市万寿路与英雄山路
交汇处出险，原因是标的车（事故车）在弯道处与一辆
车因车发生碰撞，根据济南第一交警队的交警报和现场
初步勘查，事故责任认定标的车全责。

中国平安保险　张小鹿
2013-1-5

2. 事故车检验勘查结果信息

经凯越东风 4S 店联系人 XXX 在事故当天通过相关工作人员查勘结果进行汇总统计，可知车主在该店所购中国平安保险公司保险（保单号：PICC201301053348，文号：0010566，车险委托文号：2013 字 0891 号）其核赔工作由中国平安保险公司派专员与该 4S 店相关人员共同完成。经现场勘定，判定此次民事事故赔偿主要属保险责任，故本车损失，保险公司的事故责任比例为 100%，免赔比例为 0；三责损失，保险公司所负责任比例为 100%，免赔比例为 0。车主在中国平安保险公司投保的险种分别为交强险（全称为机动车交通事故责任强制保险）和商业险。商业险包括：机动车损失保险（以下简称车损险）￥200 000.00，三责险金额：￥500 000.00，不计免赔；投保有效期为 2012 年 5 月 12 日至 2013 年 5 月 12 日，车主合法持有驾驶证与行驶证。

查勘人何 XX、定损人刘 XX、核准人李 XX 分别完成了事故车相关各个定损检验过程，其结果如下：

第一类：修理项目（标的车）

车身部分：

门框防护条总成：	1 套	3 工时	工价：60 元/小时
支架：	1 个	3 工时	工价：85 元/小时
限位器上支架 B：	2 个	6 工时	工价：142 元/小时
托架总成：	1 套	5 工时	工价：77 元/小时

第二类：配件更换项目（标的车）

车身部分：

车门玻璃：	2 副	残值：10.00 元
侧窗铰链：	2 条	残值：15.00 元
侧窗手柄总成：	2 套	残值：58.00 元
侧围内护板 L：	1 副	残值：40.00 元
侧窗玻璃：	2 副	残值：14.00 元
侧窗密封条：	3 套	残值：11.00 元
侧围内护板 R：	2 副	残值：50.00 元
风窗玻璃（后）：	1 副	残值：23.00 元
车门内盖板总成：	1 套	残值：128.00 元
托架总成：	1 套	残值：215.00 元
门锁柱销：	1 套	残值：102.00 元

底盘部分：

变速器上盖：	2 个	残值：12.00 元
防尘罩：	2 个	残值：10.00 元
球节总成：	2 套	残值：131.00 元
传动轴：	2 个	残值：145.00 元
减速器壳：	2 个	残值：35.00 元
中间支承架总成：	2 套	残值：120.00 元

电气部分：

开关总成（37N-50150）：	1 套	残值：350.00 元
发电机：	1 台	残值：83.00 元
暖风开关：	1 个	
雾灯开关：	1 个	
开关总成（停车灯）：	1 套	
气压报警器：	1 个	残值：12.00 元
水箱面罩：	1 个	残值：33.00 元
单档开关-电源总开关：	1 套	残值：9.00 元
工作灯：	3 个	残值：13.00 元

第三类：其他相关费用

其他材料费：	1 766.00 元
辅料费：	818.00 元
材料管理费：	66.70 元

3. 车内损坏物品情况记录（草稿）

车内损坏物品清单

故障警示牌	1 副	单价 40 元
工具包	1 套	单价 120 元
点烟器	1 只	单价 50 元
烟灰缸	1 个	单价 30 元
CD 机	1 台	单价 500 元
音箱喇叭（扬声器）	1 个	单价 88 元
遮阳板	2 块	单价 100 元
儿童座椅	1 个	单价 1 123 元

4. 核损鉴定过程合法性说明文件

核损鉴定合法性声明（定稿）

鉴定员XXX（写自己的名字）按照《中华人民共和国价格法》《山东省涉案物品价格鉴证条例》《山东省价格鉴证操作规范》，以委托方提供资料、市场调查资料作为鉴定依据，根据委托方提供资料客观真实和事故车有关手续合法有效为鉴定条件，本着合法、合理、合原则性、合标准的鉴定原则，经中国平安保险公司相关人员和凯越东风4S店相关人员协调，综合使用了市场法和成本法进行车辆情况的完整鉴定，测算过程完全按照本公司的车辆（物品）损失价格鉴定明细表，因而对本次鉴定发表鉴定声明：

（1）价格鉴定结论书受结论书中已说明的限制条件限制。

（2）委托方提供的资料真实性由委托方负责。

（3）价格鉴定结论仅对本次委托有效，不作他用。未经认证机构同意，不得向委托方、有关当事人之外的任何单位和个人提供。结论书的全部和部分内容，不得发表在任何媒体上。

（4）鉴定机构和鉴定人员与价格鉴定标的没有利害关系，也与有关当事人没有利害关系。

结合以上已知信息利用车物定损管理软件先新建业务，然后制作交通事故车辆配件损坏清单、车内损坏物品价格鉴定表、涉案物品鉴定结论书和交通事故财产损失价格鉴定结果报告，并将交通事故车辆配件损坏清单和损坏物品价格鉴定表导出为 Excel 文件以供相关后续工作人员使用。

下面使用车物定损管理软件来详细完成相关工作，具体步骤如下：

（1）新建业务，将业务信息填写完整　登录车物定损管理软件后单击右上角的"业务新建"按钮，可进入业务新建界面，如图 3－75 所示。

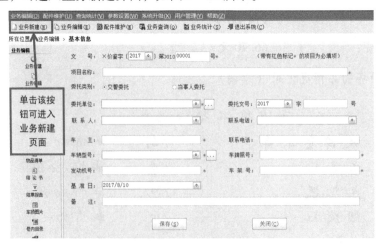

图 3－75　业务新建界面

通过仔细查阅事故车情况记录文件和事故车检验勘查结果信息等文件，并与业务新建界面所需填写信息相比对可知，我们已有的文件其信息并不完整，缺少车辆型号这一关键信息。其实，在事故现场，无论是交警还是相关汽车保险公司的现场工作人员都经常会遇到驾驶员提供的车辆信息不完整的情况，对于当前这个案例，很可能是行驶证损坏或未携带，抑或是驾驶员自己并不熟悉自己的车。我们可以通过以下两种常用方式快速确定具体车型：①已知车架号前三位为 LEA，有相关工作经验的人可以很快确定该车品牌为东风，通过东风 4S 店的汽车 EPC 软件进行车架号查询能马上确定其车型为东风 EQ1061G2D3；②利用一款具有汽车 EPC 查询功能的汽车软件，如本节介绍的车物定损管理软件也能通过输入已知车型——东风 EQ（通过发动机号前两位为 EQ 可知该车为东风 EQ 系列）进行确定。

在具体填写业务各项信息时可参考以下顺序：

1）带"＊"号的项为必填，否则无法创建新业务，因此先填带"＊"号的项，但委托单位和车辆型号暂不填写。

2）不带"＊"号的项也务必将信息填写完整。

3）单击"委托单位"末尾的方形按钮 ，在弹出的菜单中选择委托单位，如图3-76所示。

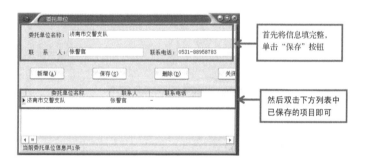

图 3-76　委托单位选择界面

4）单击"车辆型号"末尾的方形按钮 ，在弹出的菜单中选择具体车型，如图3-77所示。

图 3-77　车型选择界面

5）基准日可通过单击该项末位按钮 来选择日期。

6）以上工作完成后单击最下方的"保存"按钮即可。

该业务完成创建后如图3-78所示。

图 3-78　制作好的新业务界面

（2）利用配件查询系统制作交通事故车辆配件损坏清单

1）单击业务新建界面左侧"基本信息"按钮下方的"配件清单"，进入车辆配件查询界面，如图 3-79 所示。

图 3-79　车辆配件查询界面

车辆配件查询界面提供了强大的配件信息查询功能，用户可以通过"部位过滤"和"关键字过滤"查找需要的信息，界面中部的红色字体部分表示当前选中的车辆信息，中部的列表显示查询到的软件可提供的该车配件信息。

2) 利用车辆配件查询界面中下方的"更换配件清单"菜单、"维修项目清单"菜单和"其他相关费用"菜单边查询配件信息边完成三个清单的制作，并导出文件。

该界面对损坏车辆专门设计的三个独立的子菜单具体操作情况如下：

第一，对于更换配件清单，可做如下操作：

① 查看历史。用户在"更换配件清单"页面的列表中选择一个配件，单击"查看历史"按钮，会出现该配件在以前业务中的使用情况，如图 3-80 所示。

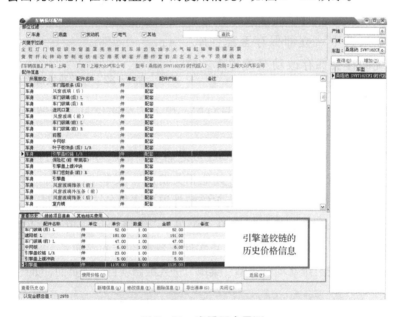

图 3-80　查看历史界面

如果用户希望使用以前的价格，则可以双击相应的信息行或选中该行后，单击"使用价格"按钮，界面会回到"更换配件清单"页面，列表中对应的配件价格会变为用户选择的历史价格。单击"返回"按钮，会关闭"查看历史"页面，回到"更换配件清单"页面。

② 新增信息。如果用户在配件信息表中未找到待更换配件信息，则可以新增配件信息，单击"更换配件清单"列表下方的"新增信息"按钮，进入"新增更换配件信息"界面，如图 3-81 所示。

用户需输入"配件名称"，选择"所属部位""单位"输入"单价""数量""备注"等信息，完成配件信息的录入，其中"合计金额"项由系统根据

图 3-81　新增更换配件信息界面

"单价"和"数量"自动计算，单击"保存"按钮，该配件信息将保存至该业务信息中。如果选中"立即保存至配件库"复选框，则该配件信息将同时保存至本地配件库。单击

"关闭"按钮会关闭该界面。

③ 修改信息。用户单击"修改信息"按钮，会弹出"修改更换配件信息"界面，如图 3 - 82 所示。

在该界面，用户可以对"配件名称""所属部位""单位""单价""数量""备注"等配件信息进行修改，其中"合计金额"项由系统根据"单价"和"数量"自动计算，单击"保存"按钮，系统会把用户所做的修改保存至该业务信息中。如果选中"立即保存至配件库"复选框，则系统同样会保存改动至配件库。单击"关闭"按钮会关闭该界面。

图 3 - 82　修改更换配件信息界面

④ 删除信息。用户选中某一配件信息行后，单击"删除信息"按钮，即可对选中配件进行删除。

⑤ 导出清单。当用户安装了 Office 2003 或之后更高的版本时，通过单击"更换配件清单"菜单、"维修项目清单"菜单和"其他相关费用"菜单中的任何一个"导出清单"按钮，系统都会自动弹出对应的交通事故车辆配件损坏清单的 Excel 文件。

⑥ 关闭。当用户单击"更换配件清单"菜单、"维修项目清单"菜单和"其他相关费用"菜单中任何一个"关闭"按钮时，可关闭车辆配件查询界面。

第二，用户通过单击"维修项目清单"菜单，进入维修项目清单页面，如图 3 - 83 所示。

图 3 - 83　维修项目清单页面

该界面列出了该业务的维修项目信息，表格左下方统计出了维修项目金额合计值。对于维修项目清单可做如下具体操作：

① 新增信息。用户单击"新增信息"按钮，进入"新增维修信息"界面，如图3-84所示。

图 3-84　新增维修信息界面

用户需选择或输入"维修项目"，输入"维修费用"以及"备注"信息，单击"保存"按钮，该维修信息将保存至该业务信息中。单击"关闭"按钮，会关闭该界面。

② 修改信息。用户单击"修改信息"按钮，会弹出"修改维修信息"界面，如图3-85所示。

在该界面，用户可以对"维修项目""维修费用""备注"等维修信息进行修改，单击"保存"按钮，即可完成对修改信息的保存。单击"关闭"按钮，会关闭该界面。

图 3-85　修改维修信息界面

③ 删除信息。用户选中某一维修信息行后，单击"删除信息"按钮，即可完成对维修信息的删除。

第三，用户通过单击"其他相关费用"菜单，进入其他相关费用页面，如图 3-86所示。

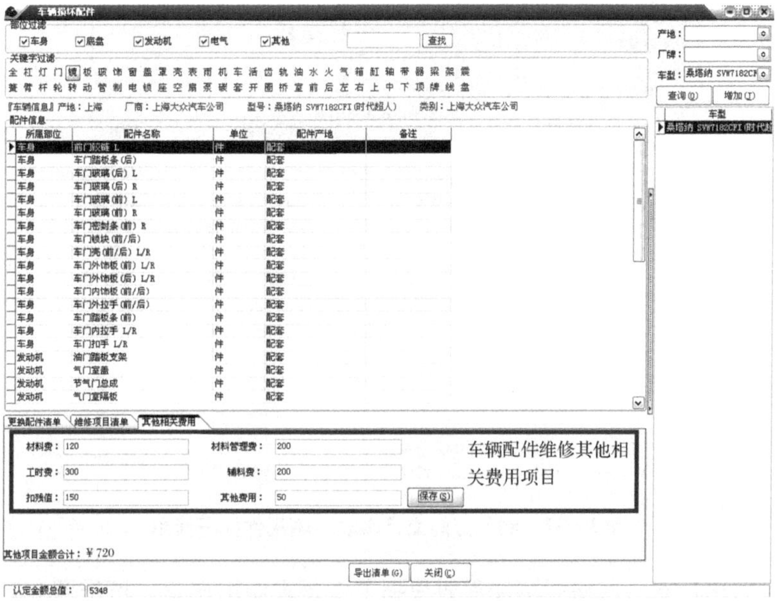

图 3-86　其他相关费用页面

在该界面，用户需维护"材料费""材料管理费""工时费""辅料费""扣残值""其他费用"等费用信息，页面左下角显示其他项目金额合计值；单击"保存"按钮即可完成对相关费用的保存。但在录入时需注意"材料费""材料管理费""工时费""辅料费""扣残值""其他费用"这几项输入的是每项的总费用。以"扣残值"和"工时费"这两项信息录入为例，在"更换配件清单"菜单将每项需更换配件的残值相加后得到的总额录入到"其他费用项目"清单的"扣残值"这项才算正确完成了"扣残值"的信息录入工作，而把除了"维修项目清单"菜单中每项需维修的配件其工时费之外的其他工时费总额录入到"其他费用项目"清单的"工时费"这项才算正确完成了"工时费"的信息录入工作。

仔细审阅案例2的相关情况，通过以上介绍的三个配件清单文件制作的交通事故车辆配件损坏清单的 Excel 文件如图 3-87 所示。

图 3-87　制作好的交通事故车辆配件损坏清单

该文件在导出后有一些格式可能需要根据工作要求做出调整，可依照实际需要对其页面、单元格格式、字体等进行调整，本节不再详述。

（3）利用配件查询系统制作车内损坏物品价格鉴定表　通过单击"业务新建"或

"业务编辑"界面左侧的"物品清单"按钮，可为当前业务创建车内损坏物品清单（图 3-88），车内损坏物品清单的具体操作在上一小节已经做了详细介绍。制作好的车内损坏物品价格鉴定表导出后的 Excel 文件如图 3-89 所示。

图 3-88　物品清单界面

交通事故物品损失价格鉴定明细表

编号	物品名称	规格型号	单位	单价	数量	金额
1	故障警示牌		副	40.00	1	40.00
2	工具包		套	120.00	1	120.00
3	点烟器		只	50.00	1	50.00
4	烟灰缸		个	30.00	1	30.00
5	CD机		台	500.00	1	500.00
6	音响喇叭（扬声器）		个	88.00	1	88.00
7	遮阳板		块	100.00	2	200.00
8	儿童座椅		个	1123.00	1	1123.00

文号：×价鉴字〔2013〕第001000556号　　　金额单位：元
基准日：2013年1月5日　车主：张翰
车辆型号：东风，EQ1061G2D3(4S)　车牌号码：鲁A-SR081
发动机号：EQ103474　车架号：LEACG771118000333
损失合计：贰仟壹佰伍拾壹元整（￥2151.00元）

图 3-89　制作好的车内损坏物品价格鉴定表

该文件在导出后和交通事故车辆配件损坏清单一样，有一些格式可能需要根据工作要求作出调整，使用者可以自行参考 Excel 操作相关教程完成相应工作。

（4）利用配件查询系统制作涉案物品鉴定结论书　通过单击"业务新建"或"业务编辑"界面左侧的"结论书"按钮，可为当前业务创建涉案物品鉴定结论书（图 3-90），涉案物品鉴定结论书的具体操作在上一小节已经做了详细介绍。制作好的涉案物品鉴定结论书打印时的样本如图 3-91 所示。

图 3 - 90　结论书界面

山东省涉案物品价格鉴定（认证）结论书

×价鉴字（2013）第001000556号

委 托 单 位： 济南市交警支队

价格鉴证项目： 关于东风EQ1061G2D3货车价值损失

价格鉴定内容：

　　鉴定标的名称：东风EQ1061G2D3（4S），发动机号：EQ103474，车架号：LEACG771118000333，车牌号：鲁A-SR081；鉴定基准日：2013年1月5日。

　　根据《中华人民共和国价格法》《山东省涉案物品价格鉴证条例》《山东省价格鉴证操作规范》《山东省旧机动车维修工时定额》等有关规定，结合事故车损失状况，鉴定鲁A-SR081于鉴定基准日的事故直接损失价格总计人民币捌仟叁佰贰拾玖元柒角整（￥8329.7元）。

　　如对本鉴定结论有异议，可在接到结论书之日起十五日内向原鉴定机构申请重新鉴定、补充鉴定或向山东省价格认证中心申请复核裁定。

价格鉴定人员：

张积国（注册价格鉴证师：00000000）

　　　　　　　　　　　　　　　　　　　　××× 价格认证中心
附：交通事故财产损失价格鉴定结果报告　　　　　2013年07月28日

山东省价格认证中心监制

图 3 - 91　结论书打印样本示意图

　　（5）利用配件查询系统制作交通事故财产损失价格鉴定结果报告

　　同理，通过单击"业务新建"或"业务编辑"界面左侧的"结果报告"按钮，可为当前业务创建交通事故财产损失价格鉴定结果报告（图 3 - 92），交通事故财产损失价格鉴定结果报告的具体操作同样在上一小节已经做了详细介绍。制作好的交通事故财产损失价格鉴定结果报告打印时的样本如图 3 - 93 所示。

图 3 - 92　交通事故财产损失价格鉴定结果报告界面

交通事故财产损失价格鉴定结果报告

委托单位	济南市交警支队		
价格鉴定项目	关于东风EQ1061G2D3货车价值损失		
案件性质	行政	鉴定基准日	2013年01月05日
价格鉴定目的	为交警部门处理案件提供鉴定标的的价格依据		
价格定义	鉴定标的在鉴定基准日，采用公开市场价值标准确定的车辆损失价格		
价格鉴定依据	1.《中华人民共和国价格法》 2.《中华省涉案物品价格鉴证条例》 3.《山东省价格鉴证操作规范》 4. 委托方提供资料 5. 市场调查资料 6. 标的查勘资料		
价格鉴定原则	合法原则、替代原则、鉴定基准日原则		
价格鉴定方法	市场法、成本法		
价格鉴定总值	捌仟叁佰贰拾玖元柒角整（￥8329.7元）		
测算过程	详见"交通事故车辆（物品）损失价格鉴定明细表"		
价格鉴定的假设和限制条件	1. 委托方提供资料客观真实 2. 事故车有关手续合法有效		
价格鉴定声明	1. 价格鉴定结论书受结论书中已说明的限制条件限制 2. 委托方提供的资料真实性由委托方负责 3. 价格鉴定结论仅对本次委托有效，不作他用。未经认证机构同意，不得向委托方、有关当事人之外的任何单位和个人提供。结论书的全部和部分内容，不得发表在任何媒体上 4. 鉴定机构和鉴定人员与价格鉴定标的没有利害关系，也与有关当事人没有利害关系		
价格鉴定人员	张积国（注册价格鉴证师：0000000）		
价格鉴定机构	单位名称：　　资质证号：　　法定代表人：		

鉴定报告完成日期：　　2013年01月05日

图 3 - 93　交通事故财产损失价格鉴定结果报告打印示意图

通过以上操作我们利用车物定损管理软件完整地完成了案例 2 所要求的新建业务，然后制作交通事故车辆配件损坏清单、车内损坏物品价格鉴定表、涉案物品鉴定结论书和交通事故财产损失价格鉴定结果报告等相关工作；同时，也可看出根据工作需求新建业务后，后续的多个与定损和维修工作相关的业务文件都是在合理利用了汽车配件信息查询功能的基础上完成的，因而也直接反映出汽车 EPC 软件的核心功能在汽车定损和维修领域的重要作用和价值，因此越来越多的汽车软件需要与汽车 EPC 功能相结合进行设计和开发才能更体现其应用性和价值。

步入 21 世纪后，随着时代的发展，汽车信息化的进程会越来越快，通过软件和网络来进行信息传递的方式对于汽车企业来说会更加重要，是不可或缺的，所以需要今后的基层或管理人才掌握汽车软件的使用，而汽车 EPC 软件以及具有汽车 EPC 功能的综合应用软件将是非常重要的一类。

同时，各个学校也需要向汽车企业的车险理赔、汽车定损和汽车维修等部门输送人才，因此很多学校与企业合作开发了可同时用于教学和工作实践的汽车 EPC 系统（图 3-94），通过相关专业开设理实一体化教学实践课程或实训，且在理实一体化教学实践课程或实训中使用汽车 EPC 系统来进行有针对性的训练，并结合一些实际的工作环节，这样培养出的人才也会更符合企业的需求。

图 3-94 某高校汽车学院的汽车 EPC 软件

具有汽车 EPC 功能的综合应用软件在当下有很多款，本章介绍的是作为初学者容易上手且本身功能比较齐备的两款软件——车险理赔定损辅助系统和车物定损管理系统，希望对将从事车险理赔与定损、汽车修理、汽车配件管理的读者或对汽车 EPC 软件使用不熟悉的从业者有一个直观的启发，能帮助其快速掌握这类汽车软件的操作技巧和应用方法，更好地提升自己的工作能力和专业能力，为自己、为企业、为社会创造更多的价值。

实践任务4：利用车险理赔定损辅助系统完成赔案 业务文件制作并进行后续分析工作

任务描述 ➢

在机房或实验室的计算机内安装车险理赔定损辅助系统，利用车险理赔定损辅助系统按照车辆出险案情相关信息创建新的赔案业务文件，并完成后续业务分析表单的制作。

在练习时不同学校、汽车培训机构或汽车公司等可根据自身汽车业务情况让学生或学员制作具有不同要求的业务文件，如果能结合使用 Office 办公软件进行相应的简要统计和分析并结合其具体工作环节更好。

任务要求 ➢

1）利用车险理赔定损辅助系统创建新的赔案并需要将信息完整录入到系统中。

2）对该赔案进行汽车配件询价并统计出具体赔额。

3）制作配件损坏情况分析表并完成分析数据的填写。

任务内容 ➢

1）参照以下车辆出险案情信息，利用车险理赔定损辅助系统对相应投保人的保单创建相应的赔案业务文件：

投保人张海涛驾驶其所属的奥迪 A6（2.6L）轿车（车牌号：川 A – SW866；车架号：LFV5A24FXB3091639；发动机号 00883587；驾驶证号：AJHG1038 – 1002300；联系电话：028 – 66775643）于 2017 年 3 月 20 日在成都市新都区马超东路和育英路十字路口处出险，原因是路面凹陷，避让不及而撞上护栏，车辆侧翻。根据相关交管部门现场初步检查，发现车辆受损严重。

本车基本情况：车体为黑色，内饰为黑色，排气量为 2.6L，安全装置为安全气囊，直喷发动机，CVT 变速箱，2013 年 6 月生产。

经保险公司的车辆检验勘查（查勘人：刘文锦；定损人：欧阳文玉；核准人：李青），根据其所投保单（保单号：PICC201703203348）细则，中国人民保险公司已立案，车险立案号：20130320230356，由于车主张海涛在中国人民保险公司投保的保险为交强险和商业险，且商业险包括车损险 ¥150 000.00，玻璃单独破碎险 ¥20 000.00，三责险 ¥600 000.00，不计免赔；而投保有效期为 2017 年 3 月 12 日至 2018 年 3 月 12 日，车主合法持有驾驶证与行驶证，经中国人民保险公司成都市城北修理厂进行查勘，情况如下：

经现场和相关人员勘定，判定此次事故主要属保险责任，故本车损失，保险公司的事故责任比例为 80%，免赔比例为 20%；三责损失，保险公司所负责任比例为 100%，免赔比例为 0。

车辆经定损检验，发现需维修更换情况分类如下：

第一类：修理项目

车身部分：

保险杠及骨架（前）：	2 个	3 工时	工价：50 元/小时
仪表板：	1 台	5 工时	工价：45 元/小时
发动机盖：	1 个	3 工时	工价：40 元/小时

发动机部分：

集风罩：	2 个	2 工时	工价：85 元/小时
时规盖：	1 个	2 工时	工价：75 元/小时

第二类：配件更换项目

发动机部分

发动机支架 L：	1 个	残值：20.00 元
油底壳：	1 个	残值：10.00 元

车身部分：

车门玻璃（前）L：	2 套	
车门玻璃（前）R：	1 套	
风窗玻璃（前）：	1 套	
安全带（电）：	2 副	残值：20.00 元
刮水臂：	1 个	残值：23.00 元

底盘部分：

变速器：	1 个	残值：30.00 元
方向机：	1 台	残值：15.00 元
后减振器：	1 台	残值：25.00 元

电气部分：

冷汞离合器：	2 个	残值：77.00 元
组合仪表：	1 台	残值：12.00 元
蓄电池：	3 个	
冷凝器：	2 个	

其他：

行车记录仪：	1 台	单价：620 元	
发光汽车轮毂：	2 个	单价：1 266 元	残值：125 元

2）赔案文件信息录入完整后利用询价菜单制作交通事故车辆配件损坏清单并统计出该赔案具体赔额，并设置好其模拟样单以备随时打印。

3）根据新建的赔案业务文件和交通事故车辆配件损坏清单，利用 Excel 制作对应保险公司配件损坏情况分析表（图 3 - 95），要求标题为微软雅黑，大小为 14 ~ 18 磅，表格内文字除"汽车部位""件数""费用"和"费用占比"为微软雅黑，其他字均为宋体，且字的大小控制在为 12 ~ 18 磅；表中数字除表示数量的数字外均保留两位小数；文件制作完成后调整页边距为上、下、左和右各 2.5cm，纸张方向为纵向，且打印时显示背景。

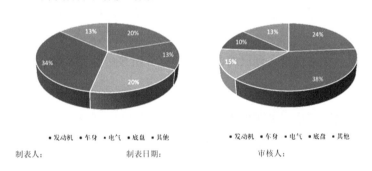

图 3 - 95　配件损坏情况分析表模板

4）在完成表格制作后将表格所有数据（包括需分析统计的数据及对应图表）填写完整。

任务提示 ➢

1）利用车险理赔定损辅助系统进行查询时注意边录入边保存，以避免业务信息丢失。

2）制作所需损坏配件清单时，注意需修理的配件的工时费计算公式为

$$工时费 = 工时 \times 工价$$

每一项需修理的配件的总费用计算公式为

$$单项需更换配件总费用 = 工时费 - 残值 \times 比率$$

每一项需更换的配件的总费用计算公式为

$$单项需更换配件总费用 = 材料费 \times 配件数量 - 残值 \times 比率$$

3）利用 Excel 进行文件制作时注意使用基本的运算符号，如" + "" - "" * "和"/"，也要学会配合使用 SUM（）、PRODUCT（）和 COUNT（）这样的函数进行数据统计。

4）利用 Excel 完成文件制作后注意调整页面设置和视图中的分页预览设置以保持好的打印效果。

实践任务5：利用车物定损管理系统完成相关业务文件创建和统计并进行销售数据分析

任务描述 ➤

在机房或实验室的计算机内安装车物定损管理系统，利用车物定损管理系统，根据车辆出险案情相关信息创建相应的一系列车损勘查相关文件，并通过选取这些文件所需信息完成后续销售数据分析工作。

在练习时，不同学校、汽车培训机构或汽车公司等可根据自身汽车业务情况让学生或学员制作具有不同要求的销售业务文件，根据不同的业务要求进行数据统计和分析，这样更符合相应地区企业的实际工作情况。

任务要求 ➤

1）利用车物定损管理系统创建车辆出险案情所需的车物定损业务文件并将信息完整录入到系统中。

2）将该项定损业务信息录入到已有的销售数据分析表中并完成数据和统计工作。

任务内容 ➤

1）利用车物定损管理系统参照以下车辆出险案情过程信息和记录制作相应的车物定损业务信息情况表、交通事故车辆损失价格鉴定明细表和交通事故物品损失价格鉴定明细表：

事故车出险经过：事故车于 2017 年 5 月 5 日在济南市天泉路与合山路交汇处出险，原因是标的车（事故车）在弯道处与一辆货车发生碰撞，根据济南市第一交警大队现场初步勘查，事故责任认定为标的车全责。

车主和对应事故车具体情况如下：

车主姓名：陈 XX（投保人）；联系电话：13488872372；驾驶证号：NGSF4900 – 1100987；车辆型号：悦达起亚 千里马 1.6/L 型；车牌号：鲁 A – GS679；车架号：LEACG771118000333；发动机号：QY105474；发动机类型：汽油发动机；变速器：自动变速器；车体颜色：蓝色；内饰颜色：灰绿色；排气量：1.6L；安全装置：安全气囊。

经济南地区悦达起亚 4S 店（项目文号：17056；车险委托文号：2017 字 0454 号）相关查勘、定损和审核人员鉴定，事故车具体损坏情况如下：

第一类：修理项目（标的车）

车身部分：

翼子板 L/R：	2 副	3 工时	工价：65 元/小时
车身后壁板：	1 副	3 工时	工价：92 元/小时
车顶板：	2 副	20 工时	工价：110 元/小时
支柱右侧外板总成：1 套		2 工时	工价：66 元/小时

第二类：配件更换项目（标的车）

发动机部分：

发动机总成（动力转向）：	1 套	残值：3 100.00 元
供油管：	2 根	残值：21.00 元
起动机：	2 台	残值：567.50 元
机油泵总成：	1 套	残值：60.00 元
气缸体总成：	1 套	残值：82.00 元

第三类：其他相关费用

材料费：366.00 元　　辅料费：719.00 元　　材料管理费：92.70 元

经相关人员整理，其车内损坏物品如表 3-2 所示。

表 3-2　车内损坏物品表

序　号	物品名称	数　量	单　位	单价/元
1	儿童座椅	1	套	650
2	GPS	1	套	1 200
3	原装车胎	2	个	650
4	原装钢圈	8	个	15
5	备用车胎	1	个	650
6	备用钢圈	4	个	8
7	灭火器	1	个	50
8	故障警示牌	1	副	40
9	千斤顶	1	个	100
10	工具包	1	套	150
11	点烟器	1	只	60
12	烟灰缸	1	个	45
13	CD 机	1	台	600
14	音箱喇叭（扬声器）	1	个	75
15	遮阳板	2	块	80

2）根据车物定损业务信息情况表、交通事故车辆损失价格鉴定明细表和交通事故物品损失价格鉴定明细表，将该定损项目加入到东风集团中国区域汽车配件 2017 年第二季度汽车零配件分销情况表（表 3 - 3）中，对应的零件分销店为济南分店；然后将表单中其他空白信息全部填写完整，需要统计的数据按要求进行统计；文件填写完成后为方便打印，将页面调整为页边距上、下、左和右各 2.6cm，纸张方向为横向。

表 3 - 3　东风集团中国区域汽车配件 2017 年第二季度汽车零配件分销情况

门店编号	门店名称	配件种数	销售员	卖场销售情况								销售员情况								
				销售额/元				销售量/（套/件）				销售额小计	销售均价/元			销售额占比			销售排名		
				4月	5月	6月	增减率	4月	5月	6月	增减率		4月	5月	6月	4月	5月	6月	4月	5月	6月
1	成都西门店	34	张翔	32,178.34	47,308.08	49,576.53		97	83	31											
2	成都天府广场店	31	李伯琴	43,734.76	32,703.07	45,218.91		70	78	66											
3	新都分店	36	王玲	47,729.91	42,552.76	42,198.62		88	67	91											
4	金堂分店	1	李智	49,197.47	32,276.21	40,519.26		56	24	67											
5	德阳中央分店	40	李思思	45,254.03	40,146.56	41,964.85		37	42	65											
6	德阳八角分店	6	郑兴苹	38,815.92	35,730.49	37,277.96		90	58	18											
7	石板滩店	27	唐伟	36,383.09	30,067.16	51,537.77		11	67	34											
8	彭州分店	2	李丹	46,839.04	40,720.06	50,451.63		59	25	42											
9	温江分店	33	张泽秋	34,832.19	30,400.50	46,921.19		65	22	89											
10	新繁分店	25	张欣	40,740.13	38,875.09	31,656.71		73	14	25											
11	双流分店	42	李徐彬	39,080.65	29,401.90	36,769.04		88	31	33											
12	龙泉分店	4	林亚会	31,611.14	38,523.50	32,427.93		53	67	56											
13	绵阳分店	22	秦庭撼	45,069.83	40,147.32	34,981.59		57	83	19											
14	罗山分店	36	马强	40,186.53	44,830.59	35,579.17		12	65	76											
15	兰州分店	19	袁智	49,021.17	40,935.08	33,751.80		80	85	64											
16	南充分店	24	雍梦笔	41,606.46	49,685.70	64,865.97		28	56	67											
17	广安分店	25	陈俊州	41,152.74	39,992.10	33,411.59		49	51	45											
18	闵中分店	15	于佳熙	33,661.85	34,930.57	48,579.30		61	21	11											
19	西充分店	8	倪杰	49,898.55	49,729.02	35,900.65		35	16	71											
20	梓渣分店	23	邓亚雄	41,646.58	30,683.69	39,713.46		72	14	70											
21	济南分店	29	黄希	37,908.87	43,531.26	32,590.62		11	16	68											
合计												个人最高月销售额				个人最低月销售额					

3）数据统计结束后根据上表数据利用办公软件进行数据趋势预测，估计济南分店 7 月汽车配件销售额和销售量的可能情况并建立对应的趋势图表。

任务提示 ➢

1）利用车物定损管理系统创建相应业务文件时注意信息的完整性和正确性。

2）利用车物定损管理系统进行配件查询时注意区分修理项目费用、更换项目费用和其他费用。

3）在进行汽车零配件分销情况表数据统计和分析时可使用 Excel 软件进行，在任务完成过程中注意使用基本的运算符号，如"＋""－""＊"和"/"；同时也要配合使用相应函数进行统计，本项任务需要用到以下函数：SUM（求和函数）、COUNT（计数函数）、RANK（排序函数）、MAX（求最大值函数）、MIN（求最小值函数）和 ABS（求绝对值函数）。

4）销售额增减率的计算公式为

$$销售额增减率 = （6 月销售额 - 4 月销售额）/4 月销售额$$

销售量增减率的计算公式为

$$销售量增减率 = （6 月销售量 - 4 月销售量）/4 月销售量$$

5）销售均价的计算公式为

$$销售均价 = 某分店当月销售额/配件种数$$

6）销售占比的计算公式为

$$销售占比 = 某分店当月销售额/某分店 4 ~ 6 月总销售额$$

7）利用 Excel 完成文件制作后注意调整页面设置和视图中的分页预览设置以保持好的打印效果。

参考文献

[1] 费洁. 汽车保险 [M]. 北京：中国人民大学出版社，2012.

[2] 明光星. 汽车车损与定损 [M]. 2 版. 北京：中国人民大学出版社：2012.

[3] 孙剑菁. 汽车保险与理赔实务 [M]. 北京：清华大学出版社，2016.

[4] 林绪东，蒋玉秀. 汽车保险定损与理赔实务 [M]. 北京：机械工业出版社，2016.

[5] 小二. 汽车保养之上海大众 [M]. 北京：中国水利水电出版社，2014.

[6] 朱汉楼，等. 汽车保养与维护 [M]. 杭州：浙江大学出版社，2017.

[7] 孙剑菁. 二手车鉴定与评估 [M]. 北京：清华大学出版社，2015.

[8] 杨二杰，等. 汽车配件基础知识 [M]. 北京：人民交通出版社，2017.

[9] 胡新宇. 汽车公估查勘定损 [M]. 北京：化学工业出版社，2014.

[10] 张红伟，朱兴隆. 汽车事故查勘与定损 [M]. 北京：机械工业出版社，2015.

[11] 韩卫东. 汽车营销 [M]. 北京：北京大学出版社，2016.

[12] 叶志斌. 汽车营销 [M]. 2 版. 北京：人民交通出版社，2014.

[13] 李美丽. 汽车服务企业管理（理实一体化教程）[M]. 上海：上海交通大学出版社，2012.

[14] 宓亚光. 汽车配件经营与管理 [M]. 4 版. 北京：机械工业出版社，2014.

[15] 刘军，等. 汽车配件采购·营销·运营实战全书 [M]. 北京：化学工业出版社，2016.

[16] 韦焕典. 现代汽车配件基础知识 [M]. 2 版. 北京：化学工业出版社，2017.

[17] 彭朝晖. 汽车配件管理与营销 [M]. 2 版. 北京：人民交通出版社，2017.

[18] 郑颖杰. 汽车配件与物流管理 [M]. 北京：机械工业出版社，2014.

[19] 王兰会. 仓库管理人员岗位培训手册 [M]. 北京：人民邮电出版社，2015.

[20] 李土军. 汽车维修基础 [M]. 北京：化学工业出版社，2016.

[21] 吕琪，陶沙沙. 汽车配件管理 [M]. 北京：人民交通出版社，2017.